나쁜 날들에 필요한 말들

STITCHES

나쁜 날들에 필요한 말들

단단한 마음을 만드는 25가지 방법

앤 라모트 지음 · 한유주 옮김

좋은 일을 떠올리면 좋은 일이 생기고
나쁜 일을 떠올리면 나쁜 일이 생긴다.
인생은 우리 마음이 그린 그림처럼 펼쳐진다.

－**조셉 머피**(Joseph Murphy)

차례

chapter 1

종종 길을 잃어버릴 때가 찾아온다

1 • 어쩔 수 없다면 지금 그 자리에서 버텨라 • 016

2 • 고통을 멀리해봐야 소용없다 • 024

3 • 하루하루 살아간다는 것 자체가 운이 좋은 것이다 • 033

4 • 방향을 잃었다면 하던 일을 계속하라 • 039

chapter 2

나 자신이 의미 없다고 느껴지는가

5 • 이길 수는 없어도 노력할 수는 있다 • 057

6 • 세상을 정교하게 바라보자 침묵하는 삶의 진실을 찾자 • 063

7 • 하면 안 된다고 배웠던 것들을 해보라 • 069

8 • 우리를 힘들게 하는 질문에 모두 대답할 필요는 없다 • 074

chapter 3

사랑하는 사람들이 사라지면 어떻게 하나

9 • 눈앞에서 사라져도 내 안에 살아 있는 사람이 있다   • 083

10 • 그들이 떠난 게 아니라, 내가 매달리고 있는 건 아닌가   • 089

11 • 다시 목소리를 들을 수 있을 때까지 기다려라   • 099

12 • 잊고 싶다면 작은 흔적들까지 모두 버려라   • 107

chapter 4

모두에게 너무 아픈 사건이 일어났을 때

13 • 아플수록 함께할 수 있는 행동을 찾아라   • 116

14 • 인간은 서로에게 다가가는 존재로 만들어졌다   • 121

15 • 서로서로 기대면 아무도 다치지 않는다   • 125

16 • 사랑과 관심을 보여주는 방법은 다양하다   • 132

17 • 각기 다른 색깔들도 많은 수가 모이면 아름답다   • 140

chapter 5

지나간 실패를 회복할 수 없다면

18 · 실패를 알려라 도움부터 청해라 어려움을 말하라 · 149

19 · 서툰 것은 부끄러워할 일이 아니다 · 158

20 · 삶의 비밀은, 그것이 불완전하다는 것이다 · 161

chapter 6

내 삶의 진짜 의미를 찾고 싶은가

21 · 나를 자유롭게 하는 것은 나만의 규율이다 · 169

22 · 의미를 찾지 못한 인생은 더 빨리 흘러가버린다 · 172

23 · 싸우고 있는가, 살아 있는 것이다 · 177

24 · 자기 안에 갇혀 있지 말고 더 큰 무언가의 일부가 되어라 · 182

25 · 완전해지기보다는 조각조각 난 삶을 잘 연결하는 사람으로 살자 · 185

옮긴이의 말 · 191

chapter 1

사는 게 별 문제 없이 흘러가고 있을 때라도
어쩔 수 없이 크나큰 슬픔에 빠져
길을 헤맬 때가 있다.

끝없는 우울의 소용돌이에 시달리고 있거나,
사나운 사냥개처럼 시간이 쏜살같이
우리를 지나 달려가고 있다는 기분이 들 때면
어떤 의미를 찾을 수 있을까?

어쩌면 지금, 당신은 커다란 슬픔에 빠져 있는지 모른다. 그 슬픔 속에서 헤어나지 못한 채 스스로를 어둠 속에 가두고 있을지도 모른다. 언제, 어떻게 그 속에서 빠져나올지, 어디로 가야 할지 깨닫지 못하고 우리는 종종 이렇게 길을 잃고 만다.

사는 게 별 문제 없이 흘러가고 있을 때라면 삶에서 의미를 감지하기도, 받아들이기도 쉽다. 인생이 사랑이나 선함, 가족, 일, 또는 인생의 버팀목이 되어주는 신의 기운으로 충만하다는 느낌이 들 때라면 불가피하게 마주칠 수밖에 없는 슬픔 속에서도 쉽게 길을 찾을 수 있다. 그럴 때는 어떤 것도 나를 위로할 수 있으며, 나를 지탱할 수 있다. 이 슬픔을 극복하면 반드시 그에 반하는 행복이 다시 찾아올 거라는 믿음 또한 지킬 수 있다.

이처럼 살아가면서 우리는 아름답거나 마법처럼 놀라운 순간을 만난다. 그러나 때로는 괴롭거나 슬픈 순간과도 대면할 수밖에 없다. 아이를 낳고, 당신의 아이가 아직 어릴 때, 아이들이 보여주는 경이로움과 부모로서의 즐거움이 삶을 살아가는 데 필요한 의미의 전부일 때, 또는 안정된 직장 생활을 하며 오랫동안 간절히 바라던 만큼 대우를 받을 때, 짝을 찾았을 때도 마찬가지다.

어느 날 갑자기 전화벨이 울린다.

이메일이 도착한다.

아니면 텔레비전이 켜진다.

그리고 갑작스러운 소식을 접하게 된다.

몇 분 전까지 상상하지도 못했던, 우리를 어둠 속으로 끌고 가는 그런 것들을 말이다.

아이가 살해되거나 납치되거나 아직 한창인 나이의 아내가 암 선고를 받게 되었을 때, 사고로 하루아침에 주변 사람을 잃을 때, 나쁜 일이나 절망적인 일이 일어날 때, 우리는 어디서부터 시작해야 할까?

끝도 없는 우울함의 소용돌이에 시달리고 있거나, 시간이 사나운 사냥개처럼 쏜살같이 우리를 스쳐 달려가고 있다는 기분이 들 때, 우리는 삶에서 어떤 의미를 찾을 수 있을까? 시간이 너무 빠르게 흘러가는 것처럼 느껴질 때마다 우리는 두려움에 사로잡힌다.

우리는 시간을 붙잡을 수 없다. 되돌릴 수도 없다. 그저 흘려보내거나 기억 속에 가두어야만 한다. 그렇기에 어느 순간 나에게 어떤 유의미한 시간도 남지 않았다고 느껴지거나, 지금 나에게 남은 것이 아무것도 없고 그저 시간만 빨리 지나갔을 뿐이라고 느낄 때마다 공허함에 빠지게 된다. 마치 세상이 아무 흔적도 없이 금방 사라질 것만 같은 기분에 휩싸인다. 하지만 나는 이런 공허함마저 꽤 괜찮은 것이라고 말하고 싶다. 도저히 헤어나기 힘든 상실감에 파묻혀 있을 때보다 최악은 아니다.

이제부터 할 이야기들은 이런 것이다. 우리가 어찌해야 할 바를 모를 때, 삶의 의미를 잃어버리고 있다고 느껴질 때, 그런 날들에 필요한 생각들이다.

· 1 ·

어쩔 수 없다면
지금 그 자리에서 버텨라

어디서부터 삶의 의미를 찾아나서야 할지 아는 사람은 많지 않다. 우리는 어쩔 수 없이 지금 우리가 서 있는 자리에서 시작할 수밖에 없다.

늘 그럭저럭 견딜 만하다고 생각할 수 있다면 좋을 것이다. 하지만 그럴 수 없을 때도 있다. 가령 미국 9·11 테러 사건이나 이라크 전쟁 같은 국가적 또는 세계적으로 충격에 빠뜨리는 사고를 겪거나, 가족 가운데 한 사람이 시한부 선고를 받게 되거나, 사고로 목숨을 갑자기 잃거나, 혹은 자살한 경우처럼.

도무지 어떻게 해야 좋을지 알 수가 없다.

내가 아는 것이라고는 아무리 혼란스럽더라도 어떻게든 삶의 의미를 찾으려 하면서 서로서로 꼭 붙어 있어야 한다는 것뿐이다. 상

우리는 혼란스러움 속에서도
어떻게든 삶의 의미를 찾으려 하면서
서로서로 꼭 붙어 있어야 한다.

대적으로 쉬운 방법부터 시작할 수 있다. 《나니아 연대기》로 유명한 영국의 소설가 C. S. 루이스는 용서에 관해 유명한 말을 남겼다. "진정으로 용서하는 법을 배우고 싶다면 게슈타포보다 용서하기 쉬운 대상부터 용서하면 된다."

하지만 때로는 쉬운 방법보다는 어려운 방법이 더 나은 결과를 가져다주기도 한다. 다음과 같이 까다로운 질문을 한번 생각해보자. 태풍 카트리나가 휩쓸고 간 후, 가족이나 친구를 잃고 난 다음에 찾아오는 삶의 의미는 무엇인가? 원하지 않았던 이별 이후, 삶의 의미는 어디에서 찾을 수 있을까?

우리 대부분은 살면서 상당히 많은 의미를 찾아낼 수 있다고 할 것이다. 삶의 의미가 눈앞에서 카펫처럼 펼쳐진다고 말이다. 가족이나 가까운 친구 몇몇과 함께하는 인생이 날마다 예상대로 흘러간다면 얼마든지 그럴 수 있다.

우리는 일하고, 즐거운 시간을 보내고, 나쁜 일에서 벗어나 회복하면서 직관이나 영혼, 또는 유희가 지닌 심오한 의미를 이해하려고 노력한다. 사실 지구상의 사람들 대부분은 그저 아이들을 제때 먹이고 돌보느라 분주하다.

우리는 그런 순간에도 가능한 한 도울 수 있는 일을 돕고, 수많은 시련과 스트레스, 질병, 어처구니없는 선거 결과를 견디려고 노력한다. 정말이지 우리는 소음과 속도, 그리고 점잖은 사람으로서는 입에 올리기도 싫은 대단히 짜증스러운 사람들 때문에 미쳐버리지 않으려고 노력한다. 우리는 전 지구적 규모의 슬픈 사건이나 어려움에 처한 가족, 오래 길러온 반려동물의 죽음으로 생긴 절망감에 너무 빠져들지 않으려고 노력한다.

사람들은 흔히 삶의 의미나 중요성을 가족에게서 오롯이 찾을 수 있다고 즐겨 말한다. 그렇지만 농담을 잘하는 삼촌이나 사랑스러운 사촌들이 가까이 살지 않는 사람도 있다. 필요할 때마다 도움을 받을 수 있는 풍부한 인적 네트워크를 갖지 못한 사람도 많다. 사실 대부분의 사람들에게는 제정신이 아니거나 폭력적이거나 지나치게 권위적인, 정말로 끔찍한 가족이 한 명쯤 있다.

그런 상황에도 우리는 할 일을 찾아 열심히 하고, 가능한 한 삶을 즐기고, 버틴다. 우리는 자기 자신에게, 그리고 다른 사람에게 도움이 되려고 노력한다. 스스로 날마다 더 유쾌한 사람이 될 수 있도록, 여유로운 마음을 가진 사람이 될 수 있도록 노력한다. 여느 때보다 낫다고 생각되는 날들도 있다. 때로는 자연과 예술에서 위안을 찾아내기도 한다. 운이 좋다면 집 안에서 조용히 만족감을 구할 수도 있다.

우리가 찾고 있는 삶의 의미가 곧 위안일까? 나도 모른다. 하지만 의미와 위안에는 꽤나 닮은 구석이 많다. 아이들이라면 이런 말에 "그건 바로 그거예요"라고 대답하기도 한다. 아직 어린아이들은 진심으로 그렇게 생각하고 정색하고 말할 수도 있겠다. 어렸을 때 나 역시 혼자서 해낸 생각을 엄청나게 자랑스럽게 생각하고는 했으니까.

아이들의 말이 옳다고 가정하자. 그건 바로 그거다. 인간은 사교적이고, 사회적이며, 음악적인 동물이고, 걸어 다니는 타악기다. 우리 대부분은 가장 잘할 수 있는 것을 한다. 그렇게 살아간다. 우리는 자비로움을 갈구하면서도 아기처럼 굴지 않으려고 노력한다.

그러던 어느 날 총기 난사가 벌어지고, 원자력발전소가 붕괴한다. 조카가 태어나자마자, 아니면 평생의 짝을 찾자마자. 세계는 이렇게 끝나가고 있다.

나는 이런 말이 정말로 싫다. 환경 면에서는 그런지도 모른다.

종종 길을 잃어버릴 때가 찾아온다 ·

그리고 실존적인 차원에서 이 세계는, 우리가 태어나던 그 순간부터 끝을 향해 달려가고 있다.

아이가 아직 어리다면, 아픈 곳 없이 건강하게 태어나 달콤한 향기를 풍기는 작고 귀엽고 살결이 말캉말캉한 아기와 살고 있다면, 삶에 의미가 있다고 생각하기가 훨씬 쉽다. 하지만 그 완벽한 자녀가 아프거나 비만이거나 약물중독에 빠졌거나 성인 노숙자가 되면 어떨까? 예순 살이 되어서야 덜컥 잠에서 깨어나 진작 일어났어야 했다고, 되고자 했던 사람이 되기에는 너무 늦었다고 생각하는 일이 벌어진다면 어떨까? 머리숱이 이미 휑하니 줄어들고 있는데 말이다.

우리는 다소 늦은 시점에야 처음으로 이런 생각을 한다. "이제부터라도 제대로 살아야겠다! 내 인생은 바로 지금 이 순간부터야!"라며 한 발을 디뎌보려고 하는 순간, 뇌리를 스치는 것이 있다. 생각했던 것보다 스스로를 제약하는 것이 많다. 내가 처한 환경, 주위를 둘러싸고 있는 사람들, 지금껏 내가 해온 것들(좋은 것이든, 그렇지 않은 것이든), 내가 속해 있는 사회, 어떤 조직 등등. 갓난아기처럼 모든 게 새로운 것들이라 하나씩 해내기만 하면 좋을 텐데, 전혀 그렇지 않다. 그렇게 흘러가고 있다는 것을 깨닫지 못했다.

마음을 단단히 먹어야 한다.
세월은 훌쩍 지나 우리 곁을 스쳐 지나가고,
때때로 우리는 함정에 빠져 고통스러울 때가 있다.
그럴 때 우리에게 사는 의미는 무엇인가?
어디에서 그 의미를 찾을 수 있을까?

당신은 어쩌면 비교적 청춘일 수도 있지만, 이미 인생의 3분의 2를 보낸 사람일 수도 있다. 두 살이던 당신의 딸아이는 18개월처럼 느껴진 시간 동안 벌써 열한 살이 되어가고 있다. 그리고 두 달에서 세 달쯤 느껴진 시간이 지나가고 나면 딸아이는 까칠한 연예인처럼 요란하게 옷을 입을 것이다. 그리고 당신은 세월이 언제 훌쩍 지나가버렸는지 기억조차 못 할 테고.

그러니 마음을 단단히 먹어야 한다. 더 나빠지는 날들의 연속이니까. 그런 날들이 눈 깜짝할 새 지나가버려 이미 후회하기에도 늦을지도 모르니까.

쏜살같이 지나가는 찰나의 시간 속에서, 우리의 인생이 써버린 속도 속에서, 삶의 의미는 어디에 있는가? 우리가 살다가 함정에 빠졌을 때는 어떤가? 우리가 고통스러울 때, 사는 의미는 어디에 있는가?

· 2 ·

고통을 멀리해봐야
소용없다

기독교인들은 종종 삶의 의미에 대한 답은 간단하다고 말한다. 그들에게 삶의 의미란 신과 하나가 되기를 기도하면서 도움과 우정이 필요한 사람들에게 예수의 손과 눈을 대신하는 데 있다. 알코올중독자 협회가 내놓은 답도 간단하다. 멀쩡한 정신을 유지할 것, 다른 알코올중독자들이 멀쩡한 정신을 유지하도록 도와줄 것. 불교인들에게 삶의 의미는 마음을 비우는 것, 친절을 베푸는 것, 가끔 숨 쉬는 법을 기억하려는 것이다. 생태주의자들은 모든 종이나 최소한 대부분의 종을 위해 지구를 훼손하지 않고 지키는 것을 삶의 의미로 여긴다.

스스로를 힌두교인이자 유태인 작가라 칭하는 램 대스는, "우리 모두는 결국 서로 집으로 걸어가고 있을 뿐"이라고 한다. 마음에

드는 말이다. 나도 이 말을 생각하며 살아간다.

하지만 이처럼 진실하고 풍요로운 철학적인 말들은 좋은 날들에만 해당된다.

이제부터 나는 나쁜 날들에 필요한 말들을 들려주고자 한다.

이 책에는 지금의 나와 앞으로의 나를 버티게 해줄 순간, 기억, 관계, 그리고 이야기 들이 하나의 인생처럼 모여 있다. 내가 어렵고 힘든 시기를 겪을 때마다 〈황무지〉의 시인 T. S. 엘리엇이 "회전하는 세계의 정점"이라고 불렀던 것을 다시 한 번 되찾을 수 있도록, 방향을 잃지 않도록 도움을 준 말들이다.

예를 들어보자. 우리는 삶의 의미가 항상 사랑하기와 관련이 있다는 것을 알고 있다. 나아가서는 아이들이 암에 걸려서는 안 된다거나, 총을 맞으면 안 된다거나, 노인들은 조건 없이 보살핌의 대상이 되어야 한다는 데 이견을 표하지 않는다. 여기에 다른 의견을 보이는 사람은 아마 없을 것이다.

하지만 당신을 둘러싼 상황이 미쳐 돌아갈 때, 당신에게 신체적 또는 정신적으로 문제가 생길 때, 당신이 가족이나 정부에 배신당할 때는 어떨까? 그래도 방금 전 이야기에 동의할 수 있을까? 항상 옳은 것이 있을까? 만약 그렇다면, 어째서 우리는 전혀 눈치채지 못한 걸까?

종교적 의미를 다룰 생각은 없지만 이럴 때 종교적 언어와 상징 몇 가지는 꽤 쓸모가 있다. 예를 들면 위로와 평화의 상징인 비둘기, 돌아온 탕아, 나병 환자, 사마리아 사람, 한 조각의 빵. 이런 이야기를 알고 있는 것만으로 우리는 달라진다. 우리 모두는 인도나 오클랜드의 슬럼에서, 길거리에서 의식을 잃고 쓰러진 사람에게서, 누군가의 때 이른 고통스러운 죽음에서 절망을, 십자가에 못 박힌 그리스도를 알아본다.

나는 '신God'이라는 단어를 가끔 제물로 염소 바치기를 즐기며 하늘 높이 사는 노인네를 의미한다고 생각하지 않는다. 내가 말하는 '신'은 미국의 시인이자 번역가인 제인 케니언이 묘사하는 신에 가깝다.

"나는 죄수의 쟁반에 담긴 음식이다……

돌계단, 걸쇠, 그리고 녹슬지 않은 경첩

잡초투성이 건조한 정원의

인내하는 정원사……"

나는 '신God'이 '선Good'의 줄임말이라고 말하고 싶다. 활기찬 사랑의 에너지라고. 삶이라고. 사람들의 내부를, 그리고 머리 위를 환히 밝혀주는 빛이라고. 힘들고 엉망진창인 우리 자신 안에서도 발견되는 자연의 에너지라고.

　살면서 힘들거나 두려운 일이 생길 때마다 우리는 가장 먼저 "왜?"라고 묻는다. 나는 대개 다음과 같은 질문을 덧붙여본다.

　"나를 이렇게까지 몰아붙이는 이유가 뭐지?"

　하지만 "왜?"라는 질문이 쓸모 있었던 적은 거의 없다. 결국에 우리는 마음속 깊은 곳으로부터 이렇게 외치며 묻는다.

　"세상에, 대체 어떡해야 좋지?"

　신으로부터 답을 들을 수 있으리라는 희망이나 기대가 헛된 것일까. 그렇지 않다. 오히려 전적으로 합리적이다. 나는 가혹한 시련을 견뎌내고 믿음을 지킨 성서 속의 욥을 비합리적이라고 생각한 적이 단 한 번도 없다. 개인적으로 주변에서 일어나는 많은 일들이 좀 더 합리적이기를 바라지만, 그럼에도 뭔가 지독하고 끔찍한 일이 일어날 때, 대다수의 사람에게 이는 신의 완벽한 설계로 일어난 일이라거나 결국 좋은 일이 생길 거라거나 더 위대한 진실이 밝혀질 거라고 말해봤자 아무짝에도 쓸모가 없다. 이미 좋지 않은 일들은 벌어졌고, 나쁜 날들이 이어지고 있다. 모든 게 신의 선택이니 순응하면 분명 좋은 날이 올 거라는 말이 무슨 소용이 있을까? 분명한 것은 지금 최악에 놓여 있다는 것뿐인데 말이다.

기독교로 하나만 더 예를 들겠다. 그리스도는 엄청난 고난에 처한 지상의 무고한 사람들과 마찬가지로 말도 못 할 고난을 겪었다. 그 고난이 지속되고 있는 것이 인류의 비극이다. 우리의 인생과 인격 또한 깨끗하지 않다. 깨끗하기는커녕 엉망진창이고 수심으로 가득하다. 지상에서의 삶이란 때로 더럽고 폭력적인 경험을 안겨준다. 이런 때라면 하루를 버티는 것만으로도 고통스럽다.

그렇지만 이처럼 힘들고 혼란스러운 와중에도, 헤어나기 어려운 침체의 늪에서도 결국 삶의 의미를 찾을 수 있다고 생각한다. 마치 그 혼란 속에서도 신의 의미를 찾아내 삶을, 세상을 회복시키려 했던 예수의 제자들처럼 말이다. 다만 나는 끔찍한 일에 직면한 사람들이 "이건 악몽이야. 다 싫어. 차고에 가서 숨어버릴 거야"라고 말하는 대신, 예쁘게 희망을 가득 담아 포장하려고 하는 경향은 도리어 도움이 안 된다고 본다.

현명한 한 친구에게 2012년 코네티컷 주 뉴타운의 샌디훅 초등

삶은 거칠고 힘들며,
때로는 달콤하고 잔인하다.
살아가는 동안 누구라도
끔찍한 사건을 겪거나 목격할 수밖에 없다.
고통스럽지 않은 척하지 말아야 한다.
그럴 수는 없는 일이니까.

학교에서 일어난 총기 난사 사건에 대해 이렇게 물은 적이 있다.

"그 사건에도 의미가 있을까?"

그가 말했다.

"아니, 아직은."

그 말은 충분히 고통스러워하지 않는다면 의미는 발견되지 못한다는 것을 알려준다. 여기서 눈여겨볼 점은, 사는 동안 누구라도 이토록 끔찍하고 고통스러운 사건을 목격할 수밖에 없다는 것이다. 아이들도 고통을 겪는다. 그리스도도 고통을 겪었다. 그 고통을 어느 정도 겪은 후에야 우리에게 부활에 대한 희망이 생겨난다. 그러니 죽음이 꼭 우리의 적이라고 할 수 없으며, 이야기의 끝이라고 할 수도 없다.

분명한 것은 고통의 끝에 다다랐을 때야 비로소 다시 시작할 수 있는 상태에 놓인다는 것이다. 나는 총기 난사에 희생된 아이들이 죽음의 순간에 좋은 곳으로 갔으리라고 믿는다. 나는 아이들의 가족이 어떻게든 절망에서 벗어나 다시 인생을 살기 시작했으리라고 믿는다.

하지만 그전에 우리는 악몽을 인정해야만 한다. 그 일이 끔찍하지 않은 척, 고통스럽지 않은 척하지 말아야 한다. 그럴 수는 없는 일이다. 총기 난사 사건은 지구 종말이나 마찬가지로 충격과 슬픔을 안겨주었다. 어떤 종교에서는 히로시마 원폭에 대해 이렇게 말한 적도 있다.

"아, 그건 지구상 어디서나 일어나는 일이야. 인도네시아의 쓰나미도 마찬가지고."

글쎄, 과연 그럴까.

나는 고통의 끔찍함을 멀리해봤자 소용없다고 생각한다. 나는 현재의 삶을 이렇게 이해한다. 가끔 우리는 갖은 고생을 다해가며 비좁은 터널을 간신히 통과하고 있다는 느낌을 받는다. 그렇지만 결국 우리는 반대편 끝으로 빠져나가게 된다. 완전히 지쳤을지는 모르지만 다르게 변화한 모습으로.

쇼핑을 하거나 푹 자거나 데이트를 하면서 기나긴 고통의 터널을 빠져나갈 수 있다면 참 좋을 것이다. 때로는 이 방법이 통하는 것 같기도 하다. 많은 이들이 슬픔이나 고통에서 억지로 벗어나려고 한다. 그것은 다른 이들의 슬픔을 보며 '나는 저 정도는 아니었으니까'라고 생각하는 얄팍한 위안일 수도 있고, 더 반짝거리고 대단해 보이는 무엇인가(물건이든 사람과의 만남이든)를 통해 나는 그렇게 슬픔 속에 갇혀 있을 만한 사람이 아니라는 것을 확인해보려는 의도일 수도 있다. 하지만 이런 느낌은 오래 지속되지 않는다.

고통을 치유하려면 때로는 다른 사람이 더 고통받는 모습을 바라보아야만 하는 것처럼 보인다. 마치 십자가에 매달린 예수를 바라보는 것처럼 말이다. 솔직히 받아들이기 힘든 일이다. 당신이 성모마리아라고 해도 말이다.

성모마리아는 "아, 저 애는 며칠 안에 돌아올 거예요"라고 말하지 않았다. 그녀는 예수가 부활하리라는 사실을 전혀 모르고 있었다. 그러니 아무것도 모르는 상태로 죽어가는 아들을 바라보며 서 있을 수밖에 없었다.

우리는 나 자신과 아이들이 지쳐 쓰러질 수도 있으며, 가끔은 너무나 잔인한 일이 일어나 우리의 숨결을 앗아갈 수도 있다는 것도 알아야 안다. 삶은 거칠고 힘들며, 때로는 달콤하고, 때로는 잔인하다.

하지만 우리에게, 우리의 아이에게, 우리가 사는 동네에, 우리가 살아가는 이 세상에 무슨 일이 일어나더라도, 사람이라는 것, 사람으로 살아간다는 것이 크나큰 선물이라는 것도 우리는 한 번쯤 느낄 수 있다. 그렇지 않은가.

· 3 ·

하루하루 살아간다는 것 자체가
운이 좋은 것이다

여기, 나쁜 소식이 있다. 고통스러운 시간이 지나간 뒤에도 우리는 그토록 사랑했으나 살아남지 못한 사람들의 무덤 앞에서 잠시 애도해야 한다는 점이다.

끔찍한 일이 아닐 수 없다.

하지만 좋은 소식도 있다. 고통스러운 시간이 지나가고 나면 언제나 그 후엔 새로운 삶이 있다는 사실이다.

야생화는 언제고 다시 피어나는 법이니까.

당신은 이게 다냐고, 이게 하고 싶은 말의 전부냐고 물어볼지도 모르겠다. 물론 그렇지 않다. 내게는 구근에 대한 이야기도 있다. 보잘것없는 야생화도 구근도 우리에게 놀라움을 안겨준다.

어느 날 하이킹을 하다 야생화를 발견한 당신은 잠시 걸음을 멈

고통스러운 시간 속에서,
그 시간이 지나간 뒤에도
우리는 사랑했던 사람들을
계속해서 애도해야 한다.

춘다. 당신은 꽃의 아름다운 색깔을 감상하고 꽃향기를 맡는다. 또 차가운 자갈들 틈을 비집고 자라나는 구근을 보면 누구나 길을 잃었다가도 다시 새롭게 시작할 수 있다는 것을 상기시킨다.

항상 그럴까? 총기 난사가 일어났던 샌디훅 초등학교에서도 그랬을까?

누가 알겠는가? 범인도 삶의 길을 잃었던 사람이라고 말할 수 있을까? 신이 그를 내팽개쳤으리라고는 생각할 수 없다. 범인이 그토록 끔찍한 인간이 된 것은 그의 잘못만이 아니다. 좋든 싫든 우리는 범인과 상호적으로 연결되어 있다. 우리가 모두의 삶과 연결되어 있기 때문이다.

가톨릭 영성 작가 토머스 머튼은 이렇게 썼다.

"우리가 윤리적이고 정치적인 문제들을 해결할 수 있도록 하는 하나의 진실은 바로 이것이다. 우리 '모두'에게는 잘못이 하나둘 있고, 우리 '모두'에게는 틀린 점이 하나둘 있으며, 우리 '모두'는 복합적인 동기들과 자기기만, 탐욕, 자기 정당성, 그리고 위선과 공격적인 태도를 보이는 경향 탓에 제한적인 시야를 가질 수밖에 없다."

우리는 총기 난사를 일으킨 범인과는 분명 거리가 멀다. 하지만 그도 인류의 구성원이다. 우리는 그와 같은 공기를 마신다. 어떤 사람들은 신의 자손인 우리가 수백억 개의 다른 은하들로 둘러싸인 이 지구에서 잠시 살다 나중에는 모두 신에게로 돌아간다고 믿는다.

시인 월트 휘트먼은 이렇게 썼다.

"정말로 잃은 것은 아무것도 없다. 아무것도 잃어버릴 수 없다. 어떤 탄생도, 정체성도, 형태는 아무래도 좋은 이 세상도. 생명도, 힘도, 가시적인 그 어떤 것들도."

여기에 악과 추함, 죽음을 더해야 할지도 모르겠다. 이들이 모이고 모여 우리를, 우리가 사는 세상을 만들었다. 그리고 지속시키고 있다.

내 주위에 올곧고 모범적인 사람만 있다고 믿고 싶을지도 모르겠다. 하지만 그건 주위를 잘 둘러보지 않았기 때문이다. 이 세상은 부유한 사람과 가난한 사람, 선한 이와 악한 이로 뒤섞여 있다. 수백억 개의 은하로 만들어진 우주의 눈으로 보면, 우리가 나쁘든 착하든 돈이 많든 없든, 그런 것은 아무 상관없을 것이다. 수백억 개의 은하가 복잡한 그림을 그리고, 우리가 알지 못하는 수많은 세계로 이루어진 우주 속에서 우리는 그저 미물일 뿐이다. 그 속에

섞인 우리는 작은 존재로 세상의 문을 열었다가 닫는다. 단지 그뿐
이다. 그렇게 살아가는 것이다.

　우리 대부분은 살면서 눈앞에 닥친 일을 해야 한다는 것을, 계속
해서 해야 한다는 것을 깨달아왔다. 우리는 유조선이 좌초돼 기름
이 유출된 해변을 청소한다. 허리케인과 토네이도가 휩쓸고 지나
간 마을을 재건한다. 사람들의 안부를 묻고 도서관에 책을 반납한
다. 사람들에게 마실 물을 건넨다. 기도하는 사람도 있다. 우리가
선한 행동을 할 때마다, 고귀하고 가치 있는 행동을 할 때마다 이
는 자유와 정의, 새로움과 부활을 다시 피어나게 한다.
　이러한 공식을 구성하는 요소는 다음과 같다. 삶과 죽음, 부활과
희망에 대한 믿음을 버리지 않을 것. 두려움은 분명 존재하지만,
그럼에도 당신은 이웃을 위해 따뜻한 음식이 담긴 냄비를 가져다
주고, 외국으로 구호품을 보내며, 잊지 않고 당신의 빨래를 한다.
물론 최근 아이를 낳거나 수술을 받은 사람들을 위해 빨래를 대신
해주기도 한다.

　운이 좋을 때 우리는 한 땀, 한 땀씩 살아간다. 마치 바느질을 하

듯 삶을 하나씩 엮어가는 것이다. 평범한 하루하루 속에서는 미래의 꿈 같은 큰 그림이나 내 인생의 방향 같은 총체적 구조, 특정한 관점에 시선을 고정해 오히려 인생의 바늘땀을 보지 못하고 만다. 이처럼 보통의 날들이 이어진다면 우리는 인생이 스위스 시계처럼 무탈하게 흘러간다고 생각할 수도 있다.

하지만 인생이 녹슨 뻐꾸기시계의 시곗바늘에 가까울 때, 이러한 생각을 해내기란 쉽지 않다. 그제야 그 자리에 멈춰 서 지금까지 이어온 바늘땀을 들여다보게 된다. 때로 투박하거나 엉켜 있는 바늘땀과 마주할 수도 있다. 하지만 바늘땀이 얼마나 고른지는 중요하지 않다. 누구나 자신의 삶을 엮어갈 정도의 재주는 가지고 태어나기 때문이다.

· 4 ·

방향을 잃었다면
하던 일을 계속하라

우리는 누군가를 잃어도 늘 하던 일을 계속한다. 그 상실로 인해 우리가 변했을지라도, 어쩌면 더욱 두려워하게 되었을지라도 말이다. 우리는 할 수 있는 일을 한다. 그럴 수밖에 없다.

어느 일요일, 내가 다니는 교회의 목사는 깃털 어깻죽지 아래로 땀을 흘리며 두 다리를 허공으로 들어 올리고 길가에 누워 있는 참새 이야기를 들려주었다.

말이 새에게 다가와 물었다.

"세상에, 대체 왜 이러고 있는 거야?"

참새가 대답했다.

"하늘이 무너진다고 들었어. 그래서 도움이 될까 하고."

말은 크게 웃음을 터뜨리고는 코를 킁킁거리며 말했다.

"그 앙상한 다리로 하늘을 떠받칠 수 있다고 '정말로' 생각하는 거니?"

그러자 참새가 말했다.

"그냥 할 수 있는 걸 하는 거야."

그래서 난 뭘 할 수 있을까? 사실 그리 많지는 않다.

테레사 수녀는 "위대한 일을 할 수 있는 사람은 없지만, 위대한 사랑을 바탕으로 여러 개의 작은 일들을 할 수 있다"고 했다. 이 말은 내게 커다란 울림을 주었다. 그래서 나는 샌디훅 초등학교 총기 난사 사건이 있고 이틀이 지나 열린 주일학교에 선생님으로 나섰다. 솔직히 무슨 말을 해야 할지 깊이 있게 고민하지 않았다. 어차피 늘 같은 말을 하게 되어 있었으니까.

"너희들은 선택받은 존재면서 사랑받는 존재야. 빛은 어둠을 밝히지. 아직 어둠이 물러나지 않은 것뿐이야. 그러니 계속해서 믿음을 가지자꾸나. 세상이 어떻게 보이더라도 아무리 나쁜 일이 일어나더라도 말이야."

안 좋은 일이 일어날 때마다 나는 아이들에게 있었던 일에 대해 이야기를 나누고 싶은지, 아니면 그냥 그림을 그리고 싶은지 묻고는 한다.

커다란 고통과 절망에 빠진 누군가의 옆에
그저 함께 있어주는 일이 필요하다.
억지로 그를 일으키려 하지 말고.

그러면 아이들은 백이면 백, 그림을 그리겠다고 한다.

우리는 항상 촛불에 불을 켜면서 그림을 그리기 시작한다. 한 아이가 머리카락을 불꽃에 살짝 그슬린 다음부터는 진짜 초 대신 전구를 사용하기는 하지만.

그다음에는 서로에게 착하고 친절하게 대할 수 있게 도와달라고 기도하고, 좋은 구절들을 읽고 대화를 나누며 우리의 인생과 사랑에 대해 뭔가 하나라도 배우려고 노력한다. 그 후에는 모든 위대한 종교의 전통에 따라 간식을 잔뜩 먹는다.

총기 난사 사건이 벌어진 다음 일요일, 나는 커피필터로 천사를 만들기로 했다. 몇 년 전 커피필터로 만들 수 있는 온갖 작품들을 하나도 빠뜨리지 않고 모아놓은 훌륭한 웹사이트를 찾아낸 적이 있다.

우리는 마틴 루터 킹 목사의 생일을 기념하며 커피필터로 비둘기 화환을 만들었고, 부활절에는 하얀색 나비를 만들었다. 우리가 만든 나비들은 부활절 아침까지 휴지 심으로 만든 종이 번데기에 들어 있었다. 그 나비들은 고치라기보다 죽어버린 듯 보였다. 딱딱하고, 움직이지도 않고, 못생긴 데다 빈 휴지 심으로 만든 껍데기

안에 들어 있었으니까. 그래도 우리는 기다릴 수 있었다.

천사를 쉽게 고정할 수 있도록 집에서 스테이플러를 가져가려 했던 나는 주방 테이블에 그걸 두고 왔다. 하지만 교회에는 커피필 터도 있었고, 마커도 있었다.

그날 나온 학생은 두 명뿐이었다. 둘 다 발달 장애가 있는 십 대 아이들로, 남자아이는 수년째 뇌종양을 안고 살아오다 뇌 장애까 지 겪고 있다. 그 아이는 재미있는 말을 많이 던졌다. 다른 학생은 예쁜 여자아이로, 촛불에 머리카락을 태워먹었던 바로 그 애다. 여 자아이도 남들과는 다른 방식으로 재미있는 말을 제법 던지고는 했다.

나는 아이들에게 누가복음 가운데 반전이 있는 구절 하나를 읽 어주었다.

"그리고 거지는 죽고 천사들이 죽은 거지를 아브라함의 품속으 로 데려가는 일이 일어났다."

나는 아이들에게 신의 사랑을 전달하는 천사들이 우리가 지쳐 힘들어할 때마다 활기를 되살려주고 우리가 죽어 변화를 겪을 때 도움을 주려고 늘 곁에 있는 것이라고 말해주었다. 그리고 새로 산 둥근 커피필터 봉지를 꺼냈다.

"아유, 싫어."

여자아이가 고개를 숙여 이마로 책상을 찧으며 말했다. 나는 다치지 않았느냐고 물었다. 여자아이는 말없이 움직이지 않았다. 그러더니 "커피필터는 정말 싫어요"라고 툴툴거렸다.

하지만 남자아이 메이슨은 활짝 웃었다.

나는 한숨을 한 번 쉬고는 인내심으로 여자아이를 달래며 일으켰다.

우리는 마커로 커피필터를 색칠했다. 작업하는 동안, 나는 크나큰 슬픔에 직면한 착한 사람들이 하는 일에 관한 일반적인 이야기를 해주었다.

고통과 마주한 우리 대부분은 그저 시간을 흘려보낸다. 우리는 커다란 고통과 절망에 빠진 그들을 억지로 일으키려고 하지 않고 그저 그 옆에 앉아 그들이 느끼는 고통을 같이 느낀다. 이렇게 하는 것이야말로 우리가 그들에게 해줄 수 있는 가장 자비로운 선물인지도 모른다. 그들의 동반자가 되려면 우리는 '해야만 한다고' 생각하는 일을 포기해야 하며, '우리'가 고쳐주어야만 한다고 생각하지 말아야 한다.

우리는 그들이 견딜 수 없는 시간과 공간을 그저 견디며 존재할 수 있도록 도와주어야 한다.

내게도 가끔 견딜 수 없는 시간과 공간이 있다. 하지만 이렇게 아이들과 함께 앉아 무언가를 공유하는 것만으로도 힘겨운 시간과 공간이 어느새 지나간다. 굳이 특별한 경험이 아니더라도 그저 눈을 바라보고 귀를 기울이고 살며시 웃어주는 그들과 함께 있다는 것이 나를 지켜준다.

세계가 이 아이들처럼 사랑스럽고, 사랑받으며, 힘겨운 과제를 안고 살아가는 사람들에게 삶의 의미를 깨닫도록 해준다는 것을 나는 기꺼이 설명할 수 있다. 내가 오십 년 전에 이런 사실을 이해할 수 있었다면 나의 인생도 사뭇 달라졌을 것이다.

그러나 특별한 깨달음 없이도 삶의 의미는 있을 수 있다. 휴머니티가 곧 의미다. 사려 깊고, 세심하고, 배려심 있고, 연민을 드러내는 존재로서의 인간. 가장 훌륭한 존재로서의 인간. 그것이 곧 삶의 의미와 동의어라 할 수 있다.

나는 아이들에게 '인정'의 의미를 아느냐고 물었다.

여자아이가 손을 들었다.

"그건 말이죠. 우리가 맨날 커피필터로 뭘 만들고 있다는 거예요."

이 아이는 항상 나를 웃게 해준다. 나는 여자아이의 이마에 큰 소리를 내며 뽀뽀를 해주었다.

나는 아이들에게 인간됨이란 사람마다 지니고 있는 고귀함과 그의 마음을 의미하며, 여기에는 사랑이 있다고, 인간됨은 모든 문제를 해결할 수 있는 방법이라고 말했다.

우리가 살과 피로, 시간과 공간으로 신성과 연결되어 있다는 사실은 역설적이다. 우리는 인간됨으로 신과 연결된다.

시인 에밀리 디킨슨이 말하는 위대한 진실은 "희망은 선이 스스로 드러나게 한다"는 것이다. 우리는 이 말만 기억해도 좋을 것이다.

슬픔이 우리를 주저앉혀도 희망을 품고 있는 한, 우리는 다른 사람을 다시 일으킬 수 있다. 또 미궁 속에 빠져 주저앉은 사람들과 같이 앉아 있을 수 있도록 도와준다.

커피필터로 만든 날개를 다 색칠한 우리는 물을 뿌려 색을 약간 번지게 했다. 필터가 마르는 동안 우리는 스트링 치즈, 배, 그리고 주일학교의 생명수라 할 수 있는 카프리 선 주스로 간식을 먹었다. 그다음에는 다른 필터로 천사의 머리를 만들었다. 머리 주변에는 휴지로 굽슬굽슬한 머리 타래도 만들었고, 끈을 둘러 장식도 했다. 그러자 천사는 불쌍하게도 교수형을 당한 것처럼 보였지만 그래도 머리를 고정시킬 수는 있었다. 남은 종이로는 몸통을 만들었다.

예쁘게 염색된 다 마른 날개를 천사에 붙여야 했으니 내가 잊지 않고 집에서 스테이플러를 가져왔더라면 좋았을 것이다. 대신 나는 작은 여행용 반짇고리를 꺼내 바느질로 몸통과 날개를 연결했다. 그러고는 화사한 색깔로 염색된 커다란 날개의 모양을 잡았다.

아이들은 천사를 마음에 들어했다. 아이들의 부모도 마음에 들어할 것 같았다. 천사들은 완벽하게 멋졌다. 그런데 메이슨이 갑자기 놀라운 말을 한마디 던졌다. 약간 우물거리면서도 단호하게 여자아이에게 말했다.

"너도 알지, 난 뇌에 종양이 있어. 혼수상태에 빠진 적도 있어. 그런데 난 다시 '여기' 있어."

나는 메이슨이 보여준 생각의 아름다움에 잠시 눈을 감을 수밖에 없었다. 그 애는 '여기' 다시 있었다. 그 애는 우리 모두가 그런 것처럼 여기 존재하고 있었다.

"넌 기적이란다." 내가 말했다.

여자아이가 우물우물거리는 목소리로 내게 물었다.

"쟤는 왜 저렇게 재밌는 말을 해요?"

그 말을 듣지 못한 것 같은 메이슨이 말했다.

"맞아요, 난 기적이에요."

그러더니 팔을 들어 올려 근육질 남자처럼 주먹을 불끈 쥐어 보
였다.

나
자
신
이
의
미
없
다
고
느
껴
지
는
가

chapter 2

천천히. 아주 조금씩.
내가 어떤 사람이 되려고
태어났는지를 알아가기 시작했다.
비좁은 상자 속에 갇혀
남들이 하라고 하는 말만 들으며
나 자신을 옭아매는 대신 말이다.

삶의 의미 찾기란
그 '무엇'이 무엇인지를 찾는 과정이다.
그 '무엇'이란 우리가 집처럼
아늑한 기분을 느낄 수 있는 장소로
우리를 데려다주는 친근함을 준다.
그 과정 자체가 하나의 연금술이다.

신을 찾는 사람이라면 이미 신을 발견한 것이라는 아우구스티누스의 통찰은 너무나 심오하다. 우리가 다른 세계의 존재와 닿아 있다는 믿음이 우리 내부와 주변에 더 환하게 빛나는 현실을 만드는 공간을 열어주기 때문이다.

우리는 늘 삶을 긍정적으로 이끌고 스스로를 풍족하게 채워줄 무언가를 찾는다. 그것이야말로 나를 더 환하게 비출 거라 믿으면서 말이다. 이것은 마치 본능과도 같다. 실체가 보이지 않는 그 빛은 도대체 어디에 있는 것일까? 어떻게 찾을 수 있을까? 나는 그 빛이 우리 바깥뿐만 아니라 안에도 반드시 존재할 거라 생각한다. 그리고 빛을 찾는 과정은 아마도 창가에 밝혀진 촛불 빛을 가끔 흘긋 바라보는 것처럼 쉬울지도 모른다. 강한 끌림이 아닌 조용하고 은근한 손짓, 그것을 눈치채야 한다.

나는 아이였을 때 편안하고 아늑한 집 안의 기운을 거의 느껴보지 못했다. 나는 이 세상을 진정한 집으로 생각해본 적이 없었다. 그때 나는 이 세상에 있다는 것이 너무 무섭고 혼란스럽기만 하다고 생각하는 여자애였다. 나는 대부분의 여자애들처럼 소외감과 스스로가 자격이 없다는 기분을 느끼면서도 명랑하고 착한 태도를 유지하려고 했지만, 쉽지는 않았다.

오빠들과 나는 우리에게 위안을 가져다주는 존재를 찾는 데에는 아무런 열의도 없었다. 대신 우리 셋은 책의 세계에 빠져들었다. 그것만으로도 좋았다. 우리는 무언가에, 우리의 미숙한 정신을 넘어서는 위대한 세상과 현실에 깊이 몰입하는 즐거움을 느끼며 책 속을 헤엄쳤다.

내게 인생은 책과 예술로 시작한다. 《파퍼 씨의 12마리 펭귄》이나 《헨리와 비저스》를 읽을 때, 아버지가 이야기책이나 《보물섬》을 읽어줄 때, 선생님이 크레용으로 스크래치보드를 만들게 하거나 천 조각과 사탕 막대기로 손인형을 만들게 했을 때, 그 속에 완전히 빠져든 나는 너무나 행복했다.

독서나 미술, 음악이나 자연을 즐겨본 적이 있을 것이다. 그럴때 우리는 위대한 무엇과 자신이 서로 연결되어 있다는 감각에 빠져든다. 당신이 이를 알아차릴 정도로 운 좋은 사람이라면, 삶의 의미 찾기란 그 '무엇'이 무엇인지를 찾는 과정이라는 걸 알게 될 것이다. 그 '무엇'이란 아마도 우리가 '집'처럼 아늑한 기분을 느낄 수 있는 장소로 우리를 데려다주는 친근함을 준다. 그 과정 자체가 하나의 연금술이다. 기쁨과 위안, 즐거운 피로가 어우러진 긴 여행 끝에 집이 있는 기차역에 도착할 때 이런 기분을 느낄 수 있을 것이다.

미국 자연주의 작가 배리 로페즈는 이렇게 썼다. "이야기와 유대감만 있다면, 우리는 하나로 묶일 수 있다." 작가나 화가가 진실함과 영혼, 그리고 관대한 마음으로 작품을 창작한다면, 나는 그가 만든 기차를 타고 나의 집이 있는 기차역으로 갈 수 있다. 아름다운 음악이나 미술을 타고서 말이다.

아름다움은 의미다.

그러나 나와 오빠들에게 이러한 작품들이 주는 무한한 즐거움을 만끽하는 동시에 그 밑에 숨겨진 실재를 찾아보라고 격려해준 사람은 거의 없었다. 아쉽게도 우리는 그런 어른들 없이 성장했다.

우리가 신뢰했던 어른들은 인생에서 완전히 고립되는 순간이 있을 거라고, 성공에 대한 사회적 집착으로 인해 다정하고 따뜻한 사람들이 영적인 불구 상태에 놓일 때도 많다고 말해주지 않았다. 자신보다 더 위대한 힘에 굴복하는 것으로 얻을 수 있는 평화에 대해서는 아무도 말해주지 않았다. (어차피 오빠에게는 저항해봤자 소용없었다.)

선생님들은 우리의 마음이나 존재, 인격을 충만하게 해주는 진실만이 우리를 충족시킨다는 사실을 말해주지 않았다. 우리 대부분이 좋은 성적이나 일자리를 얻으려고, 가장 좋은 대학이나 회사에 들어가려고, 몸무게를 줄이려고 열심히 쳇바퀴만 돌렸던 까닭은 바로 이래서다.

우리는 이렇게 평생 쳇바퀴만 열심히 돌렸다. 그래서 쳇바퀴를 돌리는 법은 잘 배울 수 있었다. 하지만 이제 우리는 그 이상의 보상을 원한다.

대부분의 사람들이 "아, 훌륭해. 잭이 의미 찾기에 나섰어. 그리고 지금은 가족 회고록을 쓰고 있어! 정말 멋지군!"이라고 생각하지 않는다. 세상 사람들은 보통 누군가가 배우자를 맞거나 집을 사거나 직장을 구하거나 아이를 가졌을 때, 그가 올바른 의미를 찾아냈다고 생각한다. 사람들 생각에 최선을 다해 돌보고, 삶에서 궁극적으로 추구해야 할 진짜 대상은 그런 것들이다.

자기만의 삶의 진실을 찾는 사람은 근사하다.
평생 열심히 남들과 비슷하게 살아온 우리는,
이제 그 이상의 것을 찾고 싶어한다.

자기만의 진실을 찾아나서는 것은 물론 근사한 일이지만 대부분의 사람들이 생각하기에 이는 중요하지 않다. 최악의 경우, 누군가는 자기만의 진실을 찾아 나선 누군가가 이상한 사람이 된 것 같다고 걱정하기까지 하니까.

돌이켜보면, 자신의 진짜 존재 의미를 찾겠다며 어려운 말들을 늘어놓거나 정답이 없는 질문을 내놓거나, 나를 찾기 위해 오지로 긴 여행을 떠난다는 사람들을 보고 우리는 '괴짜'라고 부르기도 했다. 적당한 나이, 적당한 시기에 반드시 해야 한다고 여겨진 일들을 받아들이지 않고 자꾸 거스르려고 하는 사람들을 특이한 시선으로 본 건 사실이다. 하지만 어느 순간 깨닫는다. 나도 이제 내 삶의 의미를 찾아야 함을. 그건 괴짜가 벌이는 번거로운 일이 아니라, 살면서 한 번쯤 겪게 되는 것임을.

· 5 ·

이길 수는 없어도

노력할 수는 있다

삶의 의미를 찾는 당신을 관심 있게 지켜보는 사람은 거의 없다. 사실 사람들은 자신만의 의미를 찾는 이를 색안경을 끼고 바라본다. 그런 당신은 가족에게 골칫덩이로 여겨지기도 한다. 의미를 찾는 당신을 바라보는 그들은 스스로 피상적이고 소모적인 기분을 느낀다.

결국, 그들에게 당신은 제대로 된 사람이 아니라 약간 정신이 나간 사람으로 보이게 된다. 그러다 당신은 가족의 부끄러운 비밀을 폭로하게 될 수도 있다. 예를 들면 부모가 아이를 키우기에는 너무나 부족한 사람들이라고, 그들이 인간의 아이가 아닌 요크셔테리어나 한 마리 길렀어야 한다고.

자신만의 의미를 찾는 소소한 여행을 시작한 순간, 일반적인 길에서 멀어질 수도 있다. 앞으로 나아가겠다는 단 하나의 목표만을 가졌더라면 아마 별 문제 없이 학교나 직장에 갔겠지만. 성공은 당신이 지닌 탁월함을 세상에 증명한다. 또한 당신의 부모가 이러한 탁월함을 발전시키기 위해 다른 모든 것들을 파괴한 게 옳았다는 것을 이 세상에 보여준다.

나는 십 대에 SF의 거장 로버트 하인라인이 쓴 소설을 읽고 혼란에 빠졌다. 그의 가장 유명한 책은 제목조차 혼란스럽다.《낯선 땅 이방인》이라는 제목이다.

우리는 늘 스스로를 구약성서의 한 구절에서 따온 이 소설의 제목처럼 '낯선 땅 이방인'이라고 생각해왔다. 이 세상은 우리의 고향이 아니며, 한 인간으로서 필사적으로 세상을 살아나가려고 하는 우리가 스스로를 다른 사람들과는 너무나 동떨어진 존재로 느끼는 것에는 이상할 것이 없다. 한데 하인라인의 작품 속 주요 인물들은 타인과 "공감"할 수 있다. 여기서 공감이란 표면을 지나 깊이, 직관적으로, 세포 속을 파고들어 영혼과 순수한 인식에 가닿는 것을 의미한다.

이 책을 읽었을 때 나는 입을 다물지 못했다. 정말이지 혁명적인 이야기였다. 깊은 안도감이 찾아왔다. 나는 특별한 친구 하나둘과

평범하지 않은 어른 한 사람을 알고 지냈고, 우리 사이에는 겉으로 잘 보이지는 않지만 기분 좋은 무언가가 벌어지고 있었기 때문이다. 우리는 별 노력 없이 서로에게 공감할 수 있었다. 그리고 우리가 얼마나 매력적인지, 아니면 얼마나 성공했는지와는 관계 없는 우리의 의식이나 본질적인 부분, 우리 안에서 진동하는 축을 서로 공감하고 있다면, 이는 한번 찾아볼 만한 진짜 진실이 존재한다는 의미일 수도 있었다.

물론 쉽게 추구할 수 있는 진실은 아니었다. 내일 식물 포자에 관한 중요한 시험이 있거나 영업 사원을 뽑는 면접에 가야 할 수도 있었으니까. 아마도 늘 적당한 때는 아니었을 것이다.

적당한 때는 바로 지금일지도 모른다.

의미를 찾는 과정이란 이처럼 상상력을 자극하고 발상을 전환하는 화제에 대해 친구들과 의견을 나누며 질문하고 몽상하고 곱씹어보는 것이다.

해야 할 일들 때문에 바쁘더라도 말이다.

그러나 우리는 대부분 그런 자기만의 욕구를 누르며 살아왔다. 나처럼 당신도 오랫동안 가족들을 우선적으로 생각해왔을 것이

다른 사람들의 눈에는
당신이 예민해 보일 수도 있겠지만,
세상을 바라보는 그 예민함이
삶의 진실을 말하도록 이끌 것이다.

다. 당신이 성공하려다 반쯤 죽거나 나가떨어지더라도 당신의 성공이 가족 모두를 행복하게 해주기 때문이다. 이 게임에서 당신이 이길 수 없다 해도 노력을 그만둘 수도 없다. 적어도 가족은 변덕스러울지 몰라도 돌아갈 수 있는 고향이다. 집이 없는 것보다는 나으니까.

그러나 곰곰이 돌이켜보면 누구에게나 자신이 남들과는 다른 뭔가를 느끼는 능력이 있음을 깨달았던 때가 있을 것이다. 특히 그런 능력은 시대적인 경험과도 밀접하게 관련되어 있다. 1950년대와 1960년대 사이에 어린 시절을 보낸 이들이라면 베트남전쟁, 그리고 술 취한 아버지를 바라보며 세상이 얼마나 무서운 곳인지를 깨달았을 것이다. 그렇게 과도하게 민감한 아이로 자라나면 내 가족, 친구, 사회를 둘러싼 크고 작은 걱정들에 휩싸이고, 누구보다 먼저 두려움과 슬픔을 감지하게 되는 것이다. 지나치게 예민한 아이가 되어버린다.

"지나치게 예민한 아이"라는 용어에는 아이가 부모가 얼마나 불행하고 엉망진창인 사람인지 깨달았다는 의미가 담겨 있다. 당신도 이런 아이였는가. 전 지구적 기아와 입양되지 못해 안락사를 당할 위기에 처한 동물들, 스모그를 걱정한 적이 있는가. 멍청하게도. 사물을 너무 깊숙하게 들여다보던 당신은 다른 사람들이 볼 수 없는 것들을 보았고, 그래서 부모님이나 선생님은 짜증스러워했다. 그분들은 이렇게 말하기도 했을 것이다.

"넌 좀 둔감해질 필요가 있어!"

그랬다면 좋았을지도 모른다. 하지만 쉽사리 둔감해질 수 없었을 것이다.

나란 존재의 이유에 대해, 내가 살고 있는 세계에 대한 의미에 대해 생각하기 시작한 당신은 모든 것에 가치를 두기 시작했을 것이다. 어느 것 하나 소중하지 않은 게 없다. 아무리 먼 곳에서 사는, 내가 모르는 사람이라도 그 역시 보잘것없더라도 삶의 이유를 지니고 있을 것을 알기 때문에 그저 못 본 척할 수 없다. 둔감해지라고? 어떻게? 가치를 지니고 있는 것들에 어떻게 눈을 떼란 말인가? 그것 하나하나가 의미를 지니고 있기에 지금 이 세상이 이어지고 있는데 말이다.

오히려 나는 고맙다.

지나치게 예민한 아이로 자란 당신이 고맙다.

• 6 •

세상을 정교하게 바라보자
침묵하는 삶의 진실을 찾자

그렇다면 다른 사람들이 걱정하지 않을 정도로 적당히 예민한 사람들은 어떤가. 이들은 세상의 95퍼센트를 차지하는 사람들이다. 이들은 당면한 부당함이나 위기를 느끼고 몸서리를 친다. 그러나 행동에 나서는 누군가가 큰소리를 내기 시작한다면 다른 사람들의 눈에는 쓸데없는 걱정이나 하는 것처럼 보일 뿐이다.

어렸을 때 나는 안락사를 당할 위기에 처한 개를 반려동물로 입양하는 것이 두려웠다. 내가 어느 개를 선택한다는 것은 선택받지 못한 개들을 남겨두어야 하는 일이기 때문이었다.

디즈니 영화도 볼 수 없었다. 엄마 개가 후미진 곳으로 끌려가 총을 맞고 시작하는 경우가 많았기 때문이다. 나는 어찌할 바를 몰라 울음을 터뜨리고는 했다. 그럴 때마다 어른들은 나를 달래며 안

심시키려고 했다. 꾸짖는 듯한 신경질적인 목소리로.

내가 기억하는 한 이제껏 만나온 그 어떤 어른도 이렇게 말해준 적이 없다.

"둔감한 사람들도 있지만 넌 그렇지 않단다. 그건 네가 열린 마음의 소유자이기 때문이란다. 그래서 때로 고통스러울 거야. 하지만 그건 이 세상에 제대로 반응하는 거란다. 치러야 할 대가가 클 수도 있지만 연민이 많은 사람은 축복받은 존재지. 하지만 7학년이 되면 이런 고통을 더 잘 견딜 수 있게 될 거야. 그러니 조금만 기다리렴."

나는 목소리를 높이는 사람이라고는 한 명도 없는 가정에서 자라났다. 그래서 분노는커녕 즐거움도 요란하게 표현할 수 없었다. 다소 겸연쩍게 즐거움을 내비치거나 온순하게 툴툴거릴 수 있을 뿐이었다. 우리는 보이지 않은 상자 속에서 발끝으로만 살금살금 걸어 다니는 작고 어린 팬터마임 배우들 같았다. 부모님은 27년이나 지속된 불행한 결혼 생활에 대해서도 언성을 높이는 법이 없었다. 서로 소원했던 부모님 사이에는 찬바람이 쌩쌩 불었다. 그들은 경멸이 섞인 유식한 말투로 상대방에게 조용히 비난을 퍼붓고는 했다.

알코올중독자 부모 밑에서 자라난 아이는 맨 먼저 실제 일어나는 일을 못 본 척하는 것을 배운다. 입을 다무는 대신 뭔가 무서운 일이 벌어지고 있는 것 같다고 말하면 어른들은 이렇게 대답하고는 한다.

"이런, 네가 상상한 거야."

이 말은 아이들의 입을 다물게 하는 데 가장 효과적이다. 아이들을 통제한다. 아이들이 부모님을 망가진 존재로 생각하는 것보다 자기가 문제라고 생각하는 편이 낫기 때문이다. 그러면 전혀 없는 것보다는 나은, 나쁜 희망이 생겨난다. 아이가 더 잘하거나 덜 요구하면 부모는 괜찮을 테니까.

우리 집에는 술을 마시러 오는 사람들이 많았다. 현관문을 열고 들어서면 곤드레만드레가 된 주정뱅이들이 널려 있었다. 부모님에게 이런 말을 할 때마다 우리는 늘 같은 대답을 들었다.

"얘들아, 그건 말이지. 그냥 놀고 있었던 거야."

부모님은 이 말이 "얘들아, 그건 말이지. 그냥 콧구멍에 나무 가시를 집어넣고 있었던 거야"처럼 어처구니없는, 그러나 받아들일 수 있는 설명이 된다고 생각하는 모양이었다.

나는 내가 본 장면이 사실이 아니리라고, 적어도 중요하지 않으리라고 생각하며 컸다. 사람들은 그저 놀고 있었던 것뿐이었다. 그래서 내가 걱정하게 되었다면 어쩔 수 없는 일이었다. 내가 지나치게 예민한 것뿐일 테니까.

그러다 내가 열다섯 살이 되었을 때, 여성해방운동이 봇물처럼 터졌다. 그때부터 나는 인생이란 일종의 해방운동과 같다고 생각하게 되었다. 우리에겐 말해야만 하는 진실이 있으며, 스스로를 치유하고 진짜 인생을 즐기려면 진실을 말해야만 한다고 사람들이 외치고 있었다.

그들은 태어날 때부터 민감하고 신경질적이고 지나치게 예민하다는 말을 들어온 나 같은 사람들에게 자기들도 마찬가지이며 결국 그런 상태가 우리를 구해줄 것이라고 말했다. 진실이 우리를 감옥으로부터 벗어나게 해줄 거라고 말이다.

근사한 말이었다. 나는 새로운 기술을 익혀야 했다. 사람들은 그제야 실제로 벌어지는 일들을 더 이상 못 본 척하지 않았다. 살면서 만난 남자가 부당하게 행동한다면, 나는 그가 끔찍하게 행동하면서 자기 기분만 좋아지게 내버려두는 대신, 그런 행동을 하는 그를 '보고' 있다고 의식적으로 생각했다.

마음속에서 끓어오르는 분노와 슬픔을 밖으로 표현하자.
하면 안 된다고 배워왔던 모든 것들을 새로 배우자.

나는 내가 보는 것이 진짜로 일어나는 일이라고 생각하는 법을 익혀나갔다. 영리하고 예민했던 나는 알코올중독자를 지켜보며 자라난 모든 아이들과 마찬가지로 지나치게 많이 관심을 갖는 법을 배웠다.

다음과 같은 문구가 적힌 배지를 본 적이 있다.

"나는 예민하지 않다. 다른 사람보다 눈이 좋을 뿐이다."

이렇게 나는 심연에서 비켜났다. 나는 가엾은 옛날의 불행한 자아에 '지나치게' 많은 관심을 갖지 않고 존재하는 법을 배워야 했다. 그것이야말로 내가 불행한 주요 원인이었기 때문이다.

· 7 ·

하면 안 된다고
배웠던 것들을 해보라

나의 그다음 선택은 일단 못 본 척하기를 하지 않게 된 이상, 속에서 끓어오르는 분노와 슬픔을 억누르지 않고 밖으로 표출하겠다는 것이었다. 더는 가족들에게 맞춰주지 않는 내가 배신자처럼 느껴졌겠지만, 감정을 표현하지 않고 지내온 세월 동안 나는 충분히 참을 만큼 참았던 것이다.

분노와 슬픔을 다스릴 수 있게 되기 전까지 내 인생, 거칠고 진실하고 아름답고 힘들고 정상적이지 않은 나의 인생과 나 사이에는 보이지 않는 장막이 있었다. 나는 힘겹게 그리고 마침내, 그 장막을 찢기 시작했다.

내게는 몇 가지 재능이 있었다. 이를테면 나는 사다리를 타고 올라가면서 앞으로 밀어붙이기를 잘했다. '앞으로 밀어붙이기'라는 말을 들어본 적이 없다고? 이 말은 미국인들의 삶에서 가장 중요한 원칙이다. 행운이 따라오게 하려면, 더 높은 지위로 올라가고자 한다면, 그리고 갑자기 발치에 나타날지도 모를 심연을 한 발짝 넘어서려면 앞으로 밀어붙여야 한다는 말이다. 하지만 불행하게도 앞으로 밀어붙이기 전략은 이 세상에서 자기만의 진정한 장소를 찾는 데는 별 도움이 되지 않는다.

하지만 돌진해서 타오르기는 꽤 도움이 된다. 물론 연료가 떨어지고 있다며 한탄만 할 수도 있겠지만.

스물한 살이 되었을 때 나는 마지막 직장을 그만두었다. 잡지에 글을 쓰는 일이었다. 일반적인 의미의 성공을 가져다줄 수 있는 탄탄대로에서 스스로 물러났던 순간이었다. 그리고 천천히, 아주 조금씩, 나는 내가 어떤 사람이 되려고 태어났는지를 알아가기 시작했다. 비좁은 상자 속에 갇혀 남들이 하라고 하는 말만 들으며 나 자신을 옭아매는 대신 말이다.

"하면 안 된다"고 배워왔던 모든 것들을 하는 방법을 새로 배우기 시작한 순간이었다. 시간이 오래 걸렸지만 나는 점점 더 스스로를 받아들이는 법을 배웠다.

의사이자 신학자인 제럴드 메이는 "자아 수용이 곧 자유"라고 말했다. 나는 시간을 더 많이 낭비하는 법을 배웠다. 태어나자마자 배우는 네 번째 규칙, 즉 "시간을 낭비하지 말라"라는 말과는 정반대였다. (세 번째는 방을 치우라는 말이었다.)

다섯 번째 규칙은 "종이를 낭비하지 말라"였다. 하지만 나는 종이를 한없이 낭비해야 했다. 내가 되고 싶은 사람이 되려면 연습하고, 처음부터 다시 하고, 어리석은 실수를 또 저지를 수밖에 없었으니까. 창의력과 감성이 성장하려면 이런 과정을 거쳐야 했다.

종이를 낭비하는 대신 나는 환경보호 단체에 성금을 보냈고, 어려서 본 부모님의 흐트러진 모습을 계속 공포로 간직하는 대신, 제아무리 존경받는 사람이더라도 엉망인 구석이 있는 법이며 그들 역시 예전엔 지나치게 예민한 아이였다는 것을 받아들였다.

대부분의 사람들에게는 한 번쯤 자신의 결함을 드러낸 경험이 있다. 인간다운 결함을. 그런데 이는 인격과 공감하는 능력을 발전시킨다. 영혼을 성장시키는 데도 좋다. 사막을 횡단하거나 밀림을 통과할 때처럼 힘들고 고통스러운 시기를 보내는 것이 결코 시간 낭비인 것만은 아니다. 그러다 인생을, 야생화를, 화석을, 물을 발견할 수도 있기 때문이다.

우리는 우리를 슬프게 하거나
근심에 빠지게 하는 것들을 뒤로하고
산뜻한 출발을 할 자격이 있다.
힘든 질문에 모두 대답할 필요는 없다.

상대적으로 덜 힘든 시련이나 3일짜리 힘들고 고된 인생 체험하기 쿠폰처럼 지름길을 통해 지혜와 자기 이해에 도달하기를 바란 적도 있다. 하지만 슬프게도 그런 길은 없었다. 그래서 원망스럽기도 하다.

계속 앞으로 밀어붙이기를 선택했다면 지나치게 예민한 아이가 되지 않았을지도 모른다. 위기 또는 좌절이라는 것을 뛰어넘어야겠다는 일념 하나로 성공을 향해, 야망을 향해 그야말로 "앞으로" "밀어붙이기"에만 전념했을 것이다. 하지만 나는 그것을 버렸다. 대신 "나"를 알기로 마음먹은 것이다. 왜 안 되는지를 아는 것은 결국 내 안에 남아 있는, 아직 쓰지 않은 연료를 하나씩 태워버리는 것과도 같았다. 그렇게 타고 남은 빈자리에는 스스로에 대한 깨달음을 채워 넣었다. 그곳에는 내가 무엇을 할 수 있는지, 나에게 진정 중요한 것은 무엇인지를 가리키는 새로운 불꽃들이 자리 잡았다.

112145112222122212

· 8 ·

우리를 힘들게 하는 질문에
모두 대답할 필요는 없다

도움을 필요로 하는 것이 아니라 도움을 주는 것이 미국적인 방식이다. 하지만 내가 가장 힘들게 배웠던 교훈 하나는 내가 '더 많은' 도움을, 그것도 오랫동안 필요로 하게 되리라는 것이다.

나는 다정하고 충실하며 재미있는 동반자들을 만나 구원받을 수 있었다. 바로 여기에 우리가 찾는 의미가 있다.

우리는 살면서 우리를 힘들게 하는 질문들에 전부 대답할 수 없을지도 모른다. 하지만 진실한 친구 몇 명을 만날 수만 있다면, 굳이 답변을 찾지 않아도 될 것이다. 그들은 우리의 진정한 모습을 보여준다.

우리의 진정한 모습은 마냥 사랑스럽거나 훌륭하지는 않을 수도 있다. 그럼에도 불구하고 진실한 친구들이 우리를 사랑한다는 것은 놀라운 기적이다. 우리가 그들의 도움을 받아들여 아기처럼 징징 짜는 모습을 덜 보인다면, 그들은 우리를 계속해서 동반자로 여길 것이다. 말보다는 행동으로 보여주어야 함은 물론이다. 어렵더라도.

우리는 세상만사 자기 뜻대로만 하려는 권위적인 사람이나 완벽주의자로 태어나지 않았다. 움츠러들기만 하는 소극적인 사람으로도 태어나지 않았다. 우리는 별과 동일한 물질로, 꽃으로, 실바람으로, 생기와 활력으로 만들어졌다. 때로는 몸을 웅크리는 법도 배워야 하겠지만, 이는 그때뿐이다. 이제껏 우리는 지나치게 많은 대가를 치러야 했다. 이제 수확에 나설 차례다.

나는 내 몫의 차례를 챙긴 적이 별로 없었다. 늘 다른 사람들에게 양보해야만 했으니까. 타인을 돕느라 내 차례를 넘겨줄 수밖에 없었던 것이다. 여섯 살이었던 내게는 아는 사람들을 전부 적어둔 칠판 하나가 있었던 모양이다. 거기에 적힌 모두에게 양보하고 난 뒤에야 내 차례가 올 것 같았다. 게다가 시간도 충분하지 않았다. 방해하는 사람들도 많았다.

오랜 시간이 지나 드디어 나는 내 차례를 챙기기 시작했다. 행동에 나설 시간이었다.

아들이 열 살이 되었을 때, 나는 작고 예쁜 집을 샀다. 그 집의 전 주인은 1층 거실에 커다랗고 사나운 개를 세 마리 길렀다. 위생적인 문제가 약간 있는 개들이었다. 우리가 이사를 마치고 난 뒤에도 계단참에서 오줌 냄새가 났다. 나는 마치 내가 오줌을 싼 것처럼 부끄러워졌다.

내가 제일 먼저 한 일은 다들 하는 행동이었다. 위장하려고 한 것이다. 나는 지린내가 나는 곳마다 "자연의 기적"이라는 상표명의 효소 세제를 쏟아부었다.

하지만 기적은 일어나지 않았다. 거실에서는 여전히 냄새가 났다. 양탄자를 전문 세탁소에 맡겨 빨아보기도 했고, 개 소변이 묻은 자리를 파랗게 표시하는 기계도 사고, 얼룩을 지워준다는 제품도 샀다. 나는 불쾌한 상황을 개선하는 일에 능하다. 그래서 본격적인 게임에 나섰다.

그러나 하나도 잘되지 않았다. 나는 인부를 고용해서 카펫을 치웠다. 하지만 여전히 냄새는 가시지 않았고, 끔찍하게 보이기까지 했다. 개 소변이 묻은 자리가 파란색으로 또렷하게 표시되어 있었으니까. 자존심이 바닥에 떨어질 지경이었다.

마침내 인부는 바닥 판자까지 뜯어냈다. 바닥재가 드러나자 냄새가 더 강하게 코를 찔렀다. 오줌으로 얼룩진 들보는 온통 파란색이었다. 우리는 골조까지 바닥을 파내려가야 했다.

내가 대체 왜 그렇게까지 해야만 했는지 이해할 수 있겠는가? 주변 사람들이 내가 예쁘고 산뜻한 집을 가질 자격이 있다고 오랫동안 말해왔기 때문이다. 나와 아들은 새집에서 어떤 비밀도, 개의 오줌 냄새도 없이 산뜻한 출발을 할 자격이 있었다.

어쩌면 눈에 보이는 희미한 흔적과 코끝을 스치는 냄새가 시간이 지나면 사라질 것이므로, 그냥 그대로 두어도 괜찮았을지도 모른다. 하지만 그런 식으로 두고 싶지 않았다. 내 작은 행복을 방해하는 것들에 반기를 들고, 행동에 옮겨 내 행복을 찾아야 했다. 다른 이에게 어떻게 보일지는 상관없었다. 내 행복은 다른 이들에게 양보할 수 있는 성질의 것이 아니니까. 오롯이 내 것이니까. 내가 찾아야 하는 것이니까 말이다. 그게 무엇이든.

벌써 14년 전에 있었던 일이다. 나는 이제 그때와는 다른 사람이다. 오랫동안 깊이, 더 깊이 파고들어 골조까지 드러냈던 경험은 나의 내면을 치유하는 데도 도움이 되었다. 거기서 어렵고 힘든 문제가 완전히 사라졌다고는 할 수 없겠지만, 예순을 바라보는 지금,

내게는 힘들여 얻은 기법들과 오래되었지만 제 구실을 다하는 연장들, 그리고 의미로 충만한 바늘땀을 한 땀씩 꿸 수 있게 해주는 바늘이 있다.

사랑하는 사람들이 사라지면 어떻게 하나

chapter 3

우리는 사랑하는 사람의 빈자리를
결코 이겨낼 수 없다.
훨씬 더 많은 눈물을 흘릴 수밖에 없다.
그저 기다려야 한다.

큰일을 겪을 때마다 우리는
한동안 일어날 수 없을 정도로 힘들어한다.
하지만 시간이 지나면 다시 괜찮아질 거라고 생각한다.
그렇게 사람들은 다시 삶을 살아간다.

엄청난 사건들이 일상을 뒤흔들 때, 지인들의 죽음으로 서서히 고통이 밀려올 때, 거대한 변화에 적응하며 견디기가 점점 더 힘들어질 때, 우리가 누구이며 어떻게 살아야 할지를 알기란 어렵기만 하다. 큰일을 겪을 때마다 우리는 한동안 일어날 수 없을 정도로 힘들어한다.

하지만 시간이 지나면 다시 괜찮아질 거라고 생각한다. 가능한 빨리. 자기만 아는 사람이거나 누군가를 곤란하게 만드는 사람으로 비치지 않도록 말이다. 그렇게 사람들은 다시 삶을 살아간다.

엄청난 사건을 겪거나 소중한 누군가를 잃고 필사적으로 삶에 매달리는 우리는 삶에서 다시 일관성과 안전성을 찾아내려고 갖은 애를 다 쓴다. 우리가 오랫동안 추구해오던 삶의 귀중한 측면들이 갑자기 사라져버렸기 때문이다. 열심히 작업하던 퀼트에 난데없이 못생긴 조각 하나가 끼어들었을 때의 기분과 비슷할지도 모른다. 화사한 꽃무늬와 과일들이 가득한 그림에 전혀 어울리지 않는 조각이 끼어들어 꿰매진 것처럼 보일 수도 있다.

· 9 ·

눈앞에서 사라져도

내 안에 살아 있는 사람이 있다

이 지점에서 우리의 삶이 얼마나 기괴한 것인지를 생각하지 않을 수 없다. 예측할 수 없고, 무언가가 생겼다가도 사라지는 것이 삶이다. 행복이나 사랑 같은 추상적인 것을 좇다가도 물질에 현혹되고 쉽게 유혹에 빠져버린다.

종잡을 수 없는 슬픔과 절망은 또 어떠한가. 그렇게 보면 삶이 당신에게 준 것들을 증오하고 잠시 엉망인 상태로 지내는 것이 차라리 나을지도 모른다. 그러면 오히려 커다란 용기가 생길지도 모르니까. 하지만 어느 시점에서는 삶의 아름다운 의미를 지키든가, 증오하든가 두 가지 선택들 가운데 더 나은 쪽이 당신을 다시 일으키고 삶을 살아가게 한다.

이미 검증된 방법인 "왼발, 오른발, 왼발, 호흡"을 해보는 것도 좋다. 아니면 재세례파처럼 종교적 근본주의자가 될 수도 있겠다. 아니면 퀼트 조각에 어울리는 색의 자수 실로 바느질을 시작해보면 어떨까. 질감과 색채가 어울리지 않던 패턴들에 통일감을 주면서 말이다. 예상치 못했던 결합은 때로 우아하다. 경이로울 정도로 우아할 때도 있다.

어울리는 색 자수 실로 바느질을 한다는 것은 어떤 의미일까? 믿을 수 있는 친구들과 정기적으로 만나는 일일수도 있다. 현재의 당신이 견딜 수 있는, 당신을 발가벗기지 않는 친구들 세 명쯤 있다면 충분할 것이다. 날마다 으레 하는 일들, 예를 들면 산책이나 심지어는 불가피하게 이웃집 앞을 지나가기를 비롯해 괜찮은 사람들과 같이 일하거나 식사하기 등은 움켜쥘 밧줄이 없는 당신을 도와줄 수 있다.

다음엔 초록이끼색 자수 실로 퀼트 조각을 꿰매보면 어떨까? 그러면 꽃무늬와 파도, 해변에서 자라나는 야자수들이 한데 평화롭게 어우러질 것이다. 체크무늬로 표현된 오렌지색 태양을 짙은 녹색보다 더 돋보이게 하는 색은 없으니 말이다.

통일감을 부여하는 색채는 떠밀리는 기분으로 사람들과 유리되는 듯한 공포를 덜어준다. 이러한 색채는 가장 끔찍한 고통에서 한

발 빠져나올 수 있도록, 그래서 한숨 돌릴 수 있도록, 부지불식간에 시간이 지나가도록 도와준다. 한편 일시적인 환상을 불러일으켜 고통스러운 상실감에서 헤어나게 해주기도 한다. 이런 환상은 전혀 나쁘지 않다.

하지만 인생에서의 가장 큰 상실감을 이겨낼 수 없다는 것이 진실이라면? 이건 나쁜 소식일까, 아니면 좋은 소식일까? 아니면 둘 다일까?

좋은 소식은 다음과 같다. 마음을 꽁꽁 봉인하는 대신 조금이라도 열어둔다면, 당신이 잃은 사람들은 당신의 내부에서, 어쩌면 외부에서도 영원히 살아 있으리라는 것.

한편 나쁜 소식도 있다. 당신을 곁에서 지켜보는 다정한 사람들조차 차마 눈 뜨고 못 볼 정도로 슬픔이 당신을 짓누르는 바람에 당신 스스로도 영원히 상실감에서 헤어나지 못할 정도로 슬프다는 생각을 할 수도 있다는 점이다. 그러고는 마음의 빗장을 걸고 자신의 상태를 비밀로 유지하는 것만이 가장 좋은 방법이라고 혼자 생각한다. 마음의 진실을 비롯한 삶의 중요한 요소들과 현실로부터 당신이 멀어지는데도 말이다.

고통은 분명 시간이 갈수록 무뎌진다. 하지만 언젠가는 반드시 고통스러운 상실감에서 벗어날 것이라는 착한 거짓말은 우리의 정서적인 GPS가 진짜로 나아가야 할 방향을 찾을 수 없게 한다. 마치 GPS가 우리가 존재했던 대부분의 중요한 장소들을 더는 표시하지 않는 지도를 바탕으로 만들어진 것처럼 말이다.

슬프고 힘든 일들이 상자에 말끔히 담겨 치워졌다고 생각하는 태도는 우리가 지닌 막대한 풍요를 앗아간다. 나는 감정이라는 것이 시간의 흐름에 따라 희미해질 수는 있어도 완전히 사라지지는 않는다고 생각한다.

우리 삶은 때로는 과거의 기쁨, 축복, 슬픔, 두려움에 의해 지속된다. 그것이 오늘 나에게 어떤 형태의 기억으로 되살아나 영감을 줄 수도, 내가 살아야 하는 당위성을, 내 삶의 목표를 줄 수도 있다. 그 시간 자체가 우리의 일부이다. 갑자기 어느 순간 사라져 "오늘부터 난 아무렇지도 않아" 하며 살 수는 없다.

나는 내가 죽고 난 뒤에 나와 가까웠던 사람들이 영원히 애도하기를 바란다. 그들이 슬픔을 완전히 이겨내서는 안 된다. 그렇다면 내가 그들과 아무리 가까운 곳에 은밀하게 존재하더라도, 그들에게 나는 그저 죽은 사람으로만 여겨질 것이기 때문이다.

"아직 작별 인사를 하고 싶지 않아.
이 세상에 어떤 의미와 아늑함이 있다는 사실을 알려주는
이 끈을 영영 잘라내고 싶지 않아."
우리는 이런 말들로 이별한 사람을 그리워한다.

나의 친구 패미는 18개월 된 아기를 남겨두고 서른일곱 살의 나이로 죽었다. 게다가 그녀는 죽기 두 달 전에 죽을 정도로 고통스러운 대상포진에 걸리기까지 했다.

차마 말로 할 수 없을 정도였다.

죽기 두 달 전에 대상포진까지 걸려야 하다니. 신이여! 나를 놀렸던 것입니까.

내가 지금까지 그녀의 죽음을 완전히 이겨냈다고는 하지 않겠다. 나는 아직도 그녀가 그토록 젊은 나이에 생을 포기할 수밖에 없었던 것, 그녀의 딸아이가 엄마 없이 자라야 하는 것, 그녀와 내가 전화로 수다를 떨 수 없는 것에 여전히 분노한다.

하지만 그녀가 떠나고 10년이 지났을 때, 나는 그녀의 죽음 이후 내 옷장에 걸려 있던 그녀가 아끼던 블라우스를 찢으며 가슴은 여전히 아플지라도 슬픔이 일종의 완화기에 접어들었다는 것을 깨달았다.

그들이 떠난 게 아니라,

내가 매달리고 있는 건 아닌가

친구 패미는 하얀색 리넨 블라우스를 즐겨 입었다. 손목 바로 위까지 내려오는 멋진 긴 소매가 달려 있고 진주 단추로 장식되었으며 어깨선 아래로 쭉 떨어지게 재단된 우아하고 단순한 블라우스였다.

그녀가 죽기 2주 전, 대상포진이 사라졌을 무렵이었다. 그녀는 내게 그 옷을 한번 입어보라고 권했다. 그 옷을 입은 나를 보고 싶다는 거였다. 그녀에게 맞춤한 듯 어울렸던 블라우스는 내게도 잘 어울렸다. 우리는 그 옷을 번갈아 입으며 그녀의 마지막 날들을 보냈다. 우리는 그 옷을 공유했다. 그건 단순한 공유가 아니었다. 우리는 서로의 향기를, 각자의 삶이 지닌 추억의 향기를 나눴고 그것을 잊지 않으려 했다.

그러던 어느 날, 그녀는 그 옷이 내 것이라고 말했다. 그녀는 블라우스를 벗고 파자마로 갈아입었다.

맨 위 단추를 풀면 가슴골이 보였다. 주름 장식이 쇄골 부위에 부드러운 느낌을 더했고, 어깨 밑으로 곡선을 그리며 떨어지는 부분이 너무나 섬세했다.

성스럽게까지 여겨지는 옷이었다. 내게는 더욱 그랬다. 그 옷을 입을 때마다 나는 스스로 아름답다고 생각했고, 친구의 관대함과 화사함이 전해지는 듯 느껴졌다. 그 옷은 슬픔을 불러일으키기도 했다. 하지만 그렇게 아픈 와중에도 패미는 한 번도 용기를 잃은 모습을 보인 적이 없었으므로 그 옷은 나를 용감하게 만들어주었다.

그때까지 나는 한편으로는 여유가 없어서, 다른 한편으로는 비행기 납치나 뱀에 물려 죽을 것이 두려워서 한 번도 여행을 떠난 적이 없었다. (지금도 나는 비행기 내부의 짐칸을 특히 무서워한다. 변명하자면 〈비행기의 뱀〉이라는 영화 때문이다.) 하지만 여행을 대단히 좋아했던 패미는 혼자서나 남편을 동반하고 머나먼 도시들을 여럿 방문했다. 딸아이를 입양하기 전에도 그들은 마지막으로 둘만의 시간을 보내려고 모로코로 짧은 여행을 떠났다. 그리고 패미는 그곳에서 가슴의 혹을 발견했다.

생체조직검사 결과가 나오자마자 내가 말했다.

"어디 가지 말고 나랑 여기 있어."

하지만 전이성 암조차 딸을 입양하러 가겠다는 패미의 계획을 막지는 못했다. 그녀와 그녀의 남편 짐, 그들의 딸 레베카가 비행기를 타고 돌아왔다. 그녀가 죽기 두 달 전이었다.

1992년에 무자비한 4등급 태풍 이니키가 불어닥쳤을 때도 패미와 짐은 하와이 카우아이 섬에 있었다. 완전히 탈진해서 수척해진 그녀가 돌아왔을 때, 나는 그녀에게 이렇게 말했다.

"정말이지 할 말 없다." 그녀는 그저 미소만 지을 뿐이었다.

패미가 죽고 몇 년 동안 나는 그녀의 블라우스를 입었다. 검은색 바지와 실크 스카프와 함께. 모임이나 강의가 있어 옷을 차려입어야 할 때마다 나는 그녀의 블라우스를 입었다. 그 블라우스는 가벼웠지만 내가 있어야 할 자리에 당당히 서게 했다.

그녀를 잃었다는 가슴 시린 고통이 희미해지고, 그녀의 블라우스도 낡아갔다. 그래도 나는 블라우스를 버리지 못했다. 옷이 점차 휴지처럼 얇아지고 있었다.

'우리는 아직 작별 인사를 하고 싶지 않아. 이 세상에 어떤 의미

와 아늑함이 있다는 사실을 알려주는 이 끈을 영영 잘라내고 싶지
않아.'

나는 이런 말들로 스스로를 달랬다.

어느 날 블라우스에 작은 구멍이 생겼다. 나는 그 자리를 수선했
다. 달리 어떻게 해야 좋을지 몰랐던 나는 블라우스를 옷장 구석
깊숙한 곳에 넣어두기만 했다. 그러다 몇 달이 지나서야 다시 옷장
을 뒤져 그녀의 블라우스를 꺼냈다.

나는 영생을 믿는다. 그리고 우리의 눈에 보이는 것보다는 풍요
로운 실재가 있다고 믿는다. 허튼 심령술은 전적으로 신뢰하지 않
지만, 내게는 여기가 아닌 다른 세계와 우리를 연결하는 실재가 있
다는 믿음이 있다. 패미의 블라우스는 나와 패미를 연결하는 유일
하고 확실한 길이었다.

그녀가 죽고 몇 년이 지나자, 나는 스스로에 대해 못된 생각을
하기 시작했다. 그녀의 블라우스에 대한 집착은 노이로제에 지나
지 않는다는 생각이 들었던 것이다. 우스꽝스러운 생각이었다. 내
가 그녀의 블라우스에 그토록 집착하는 까닭은 이상한 가족들 때
문에 겪었던 극심한 고통에서 비롯된다는 것을 알고 있었다. 이런

고통에서 우리의 인생을 구원하는 사람들은 소수에 불과하다. 그리고 이런 사람들 중 옆의 한 명이 죽으면 희망도 소멸한다. 그때 우리는 결코 회복할 수 없다. 절대로.

그러나 나와 패미와의 연결고리는 견고하게 남아 있었다. 그녀는 아들을 기르던 나를 도와주었고, 그전에는 인생의 힘겨운 시련을 이겨낼 수 있도록 도와주었다. 그녀는 고등학교 시절부터 나와 함께 맥주, 록 콘서트를 즐기고 패션잡지를 돌려보며 구원과 새로운 시작을 꿈꾸던 죽마고우였다.

블라우스는 한때 그녀의 몸에 닿아 있었다. 그녀의 몸은 이제 사라졌다. 하지만 그녀가 나에게 마지막으로 건넨 선물인 블라우스는 내 옷장 한편에 자리하고 있다. 내가 원한다면 언제나 나는 그녀의 블라우스를 입을 수 있었다. 나는 어떻게든 그녀와 닿아 있었다. 패미와의 시간과 추억이 고스란히 그 옷에 남아 있었다. 나는 그 블라우스를 없애버리면 그녀가 영영 멀리 날아가버릴 거라고, 그래서 나도 그녀를 더 많이 잊어버리고 말 거라고 생각했다.

우리는 살면서 많은 것을 잊는다. 훌륭한 식사, 여행, 풍경, 대화, 통찰력이 빛났던 순간, 영화, 먼 도시의 장면들, 결코 잊지 않

사랑하는 사람을
떠나보낼 준비가 안 된 우리는
훨씬 더 많은 눈물을 흘리며 애도한다.
"이제 당신은 다른 곳에 있지만
당신의 작은 일부가 이곳에도 남아 있어요"
라고 하면서.

으리라고 맹세했던 순간들에 대한 모든 기억이 모래로 그린 그림처럼 쉽게 씻겨나간다. 그렇게 우리를 떠난 기억들은 다시 돌아오지 않는 것일까? 다시 되돌릴 수 없다면 불평등하지 않은가. 쉽게 지워질 수 있는 것이라면 쉽게 복구할 수 있어야 하는 것 아닐까?

나는 그녀가 나를 찾아오지 않는다는 것은 평등하지 않다고 생각했다. 내 기억 속에 갇혀 방문할 수 있는 사람들만이 방문하는 법이라는 말은 믿지 않았다. 그녀가 내 곁에, 내 기억에 다시 등장하지 않는다는 사실에 되려 그녀와의 기억을 강하게 붙잡아야 한다고 생각했다.

그런데 어느 날 아침, 그녀가 나를 찾아왔다. 지금 책상 앞에 앉아 있는 내 모습과 똑같은 현실이었다. 그녀는 같이 어울리던 친구들과 웃고 있었다. 당신은 내가 잠이 덜 깼던 것이 아니냐고 말할지도 모른다. 그러면 나는 이렇게 대답할 것이다.

"나도 알아요."

친구 톰 웨스턴과 멕시코로 휴가를 떠났을 때, 나는 그 블라우스를 입었다. 해변가 야자나무 밑에 묻고 올 생각이었다. 멕시코에서 보내던 어느 날 아침, 나는 블라우스를 들고 모래사장으로 나갔다.

그러나 파도를 바라보다가 마음을 바꾸었다. 블라우스를 다시 방으로 가져온 나는 집으로 가지고 갈 여행 가방에 도로 넣었다. 그 블라우스에는 나의 기억과 유치한 자아가 너무 많이 담겨 있었다.

나를 따뜻하게 챙겨주던 패미, 나의 무너진 마음, 그녀와 함께 했던 즐거움과 따뜻함, 둘만의 기억, 그녀의 달콤한 지성, 늘 웃음을 터뜨리게 해주던 그녀.

나는 그동안 우리 문명이 슬픔과 애도에 대해 거짓말을 늘어놓는다는 요지의 강연을 여러 번 해왔다. 당신은 크나큰 상실감을 결코 이겨낼 수 없다. 당신은 어떠한 체계적인 방식으로도 애도에서 벗어날 수 없다. 이는 수년이 걸리는 일이다. 그리고 당신은 사람들이 막연히 생각하는 것보다 훨씬 더 많은 눈물을 흘릴 수밖에 없다. 하지만 애도가 주는 선물은 헤아릴 수 없고, 애도는 당신을 당신 자신에게로 돌아가게 한다. 멕시코에서 나는 이렇게 생각하며 지냈다.

나는 준비가 되어 있지 않았다. 나는 기다리기로 했다.

그렇게 꽤 오랜 시간이 흘러갔다. 나는 마음의 갈피를 잡을 수 없었다. 그러니까, 계속해서 준비가 되어 있지 않았던 것이다. 어떻게 사랑했던 사람을, 나를 살아가게 했던 사람을 고스란히 담고 있는 무엇을, 삶을 견디게 해주는 이러한 느낌을 쉽게 떠나보낼 수 있다는 말인가?

무엇인가를 떠나보낸다는 것은 나의 일부를 떠나보낸다는 것과도 같은 말이었다. 우리가 함께했던 많은 추억들, 함께 웃고 울었던 기억들, 삶에 대해 나누었던 대화, 서로의 일상을 지켜보았던 따뜻한 시선, 그리고 그 안에서 행복을 느꼈던 나. 그녀와 함께했던 것들이 통째로 뜯겨나가는 느낌이었다. 그녀가 떠났다 하더라도 나를 버틸 수 있게 해주었던 작은 원동력 하나하나를 억지로 보내야 한다는 것은, 있을 수 없는 일 같았다. 나는 더 슬퍼해야 한다. 나에게는 더 슬퍼할 권리가 있다.

불행하지만 당연하게도 이미 소멸하고 만 것을 지탱할 수 있는 바늘땀은 없었다. 수선할 수 없는 것을 수선할 수는 없었다. 섬세한 직물로 만들어진 패미의 블라우스는 소멸할 수밖에 없었다.

어쩌면 우리도 그러하다. 직물에게도 인생이 있고, 패미에게도 인생이 있었다. 그리고 인생은 아무리 떠나지 말라고 울면서 소리친다 해도 언제고 소멸하고 만다.

쉽고 간편하게 이해할 수 있는 인생은 없기에, 우리는 죽은 사람들을 잡아둘 수 없다는 것을 잘 안다. 그렇게 그들은 우리를 떠난다. 하지만 이곳이 너무 무섭고 두려운 우리는, 더는 매달릴 수 없을 때까지 그들에게 매달린다. 매달릴 대상이 없음에도 불구하고. 그들이 그저 이 세상에서 사라졌든, 아니면 더 크고 위대한 자연적 질서의 일부가 되었든 개의치 않고 말이다.

당신은 이제 더는 그들을 지상에 속박할 수 없다. 당신이 쥐고 있는 실이 너무 가늘어졌기 때문이다. 당신은 고작 이렇게 말할 수 있을 뿐이다.

"그래, 넌 이제 다른 곳에 있어. 하지만 너의 작은 일부가 이곳에도 남아 있어. 이렇게 말하는 빛나는 광물 한 조각처럼. 그건 전부 진실이었어."

그녀의 블라우스도 이렇게 말했다.

'그건 진실이었어.'

· 11 ·

다시 목소리를 들을 수
있을 때까지 기다려라

멕시코로 여행을 다녀오고 몇 년인가 지났을 때, 친구 톰은 나를
동남아시아로 데려갔다. 혼을 쏙 빼놓는 장소로. 네온사인이 휘황
찬란하게 빛나고 시끌벅적한 그곳은 원시적인 동시에 강철과 플
라스틱으로 구성된 현대를 따라잡으려고 바짝 추격하고 있는 것
같았다. 석탑과 사원, 인터넷 카페로 여행자들을 데려다주는 전통
적인 교통수단인 툭툭 기사들이 도처에 기다리고 있었다.

라오스에서 우리는 메콩 강의 갈색빛 진흙 강둑을 따라 걸었다.
몇 십 년이 지난 지금조차도 기억날 때마다 실존적인 역겨움을 느
낄 수밖에 없는 십 대 시절의 음울함을 떠올리게 하는 곳이었다.
베트남전쟁 당시, 미국은 2차 세계대전 때 유럽에 떨어졌던 폭탄
을 전부 합친 것보다 많은 양을 라오스에 투하했다.

녹색 대나무와 정글이 그때의 상처를 뒤덮으며 빽빽하게 자라났다. 두 개의 강과 산맥을 끼고 있는 루앙프라방은 덥고 어지럽고 으스스하고 온화한 황금빛 도시였다.

우리의 걸음이 닿는 곳마다 털이 빠진 개와 고양이들, 바니안나무와 열매들, 말뚝 위에 세워진 집, 향을 발산하며 모기를 꾀는 플루메리아 꽃, 프랑스 식민지 시대의 대저택, 금박이 붙여진 불상이 놓인 사원, 뱀과 용의 모자이크, 평범한 라오스 시민, 고산족, 승려, 그리고 히피 들이 있었다. 고대 유물과 〈지옥의 묵시록〉이 한데 나뒹굴고 있는 셈이었다.

그러다 우리는 남칸 강에 도착했다. 열대의 꽃들과 야자수들, 그리고 정글 과목들로 둘러싸인 연녹색 천상의 강이 있는 그곳은 시간을 벗어난 장소였다.

우리는 강가에서 한 호텔을 발견했다. 믿을 수 없게도 스웨덴 사람이 운영하는 유럽식 호텔이었다. 거짓말이 아니다. 톰은 스웨덴 혈통이었다. 나는 신기루일지도 모른다고 생각했다. 그래서 우리는 서둘러 호텔에 들어섰다. 너무 서두르는 바람에 나는 목을 삐끗하기까지 했다.

마침내 에어컨이 켜진 방에서 나갈 수 있을 정도로 기운을 차린

우리는 같은 하늘 아래서도
다른 곳을 바라본다.
그렇게 듣고 싶은 그 목소리를 들을 때까지
기껏해야 하루에 불과한 인생을 살아간다.

우리는 나른한 마을의 분위기에 빠져들었고, 게걸스럽게 먼 요리를 먹었고, 그 후에는 야시장을 쏘다녔다.

다음 날 아침, 우리는 식사를 마치고 석회암 절벽으로 향하는 보트에 올랐다. 물보라를 맞지 않도록 기름을 먹인 작은 천을 두른 채였다. 보트에서 물이 새고 있었다. 나는 무서운 물뱀의 공격을 받으며 익사하는 내 모습을 상상했지만, 이내 깊게 숨을 내쉬면서 이처럼 위대한 자연의 아름다움에 둘러싸인 지금, 행복하다고 생각했다. 나는 용감한 여전사였다. 적어도 용감한 여성 여행자라고 할 수 있었다.

다음 날은 술에 취하지 않은 상태로는 스물두 번째 맞는 내 생일이었다. 술을 끊은 지 34년이 된 톰이 말했다.

"이제 시작이야."

그가 있어 대단히 든든했다. 아침 식사를 하던 우리에게 호텔 주인이 잠시 말을 붙였다. 그는 톰의 어머니와 같은 스웨덴 마을 출신이었다. 이처럼 인생이란 생각보다 훨씬 비현실적으로 이어질 때가 있다.

그날 오후 느지막이 우리는 인터넷 카페를 찾았다. 톰이 말하길, 그곳에서 한 친구가 한번 물리면 어떤 방법을 써도 살아날 수 없

는 독을 지닌 위험한 뱀 크레이트가 장화 옆을 아슬아슬하게 지나
가던 날에도 일한 적이 있다고 했다. 나는 톰에게 어서 돌아가자고
했다. 비가 내려 아슴아슴한 물안개가 내려앉은 메콩 강은 너무나
근사했다. 라오스 사람들은 물안개를 유령이라고 믿는다. 나도 그
렇다.

호텔로 돌아오자 믿을 수 없는 일이 벌어졌다. 나는 정신이 나
가고 말았다. 그날 있었던 일들에 약간 놀랐을지는 몰라도 그때까
지 내게는 아무런 문제도 없었다. 휴대전화 메시지를 확인하기 전
까지는.

아들 샘에게 심각한 목 통증이 생겨 병원에 있다는 메시지 네 개
가 조금 전에 도착해 있었다. 뇌수막염일지도 모른다는 생각이 뇌
리를 스쳤다. 샌프란시스코로 전화를 걸었지만, 그 애는 전화를 받
지도, 다시 걸어오지도 않았다. 오빠에게 전화해서 대신 확인해달
라고 해볼 생각이었지만 오빠 역시 전화를 받지도, 다시 걸어오지
도 않았다. 톰이 야시장에 가자며 내 방으로 건너왔다. 하지만 나
는 아들이 죽을 정도로 아프다는 생각에 정신을 차릴 수 없었다.

톰이 내 방에서 나갔다. 나는 앓아누운 샘이 엄마에게서 버려졌

다는 기분에 고통스러워하리라고 생각하며 두려움에 몸을 떨었다. 어린애처럼 격렬하게 울음이 터져 나왔다. 평소에 눈물이 거의 없는 나지만 그날은 마치 누군가가 샘이 죽었다고 말하기라도 한 듯 아버지가 돌아가셨을 때나 친구들을 잃었을 때처럼 몸을 웅크리고 끝없이 울었다. 이 세상에 나 혼자 서 있는 기분이었다.

거리를 요란하게 비추던 밤의 네온사인도, 꿈인지 현실인지 분간하기 어렵도록 내 안에 스며들었던 메콩 강의 물안개도 모두 사라져버렸다. 낯선 여행지에 놓여 있는, 그저 먼 곳에 있는 아들 걱정에 미치기 직전인 한 엄마만이 호텔 방 안에 쓰러져 있을 뿐이었다. 내가 이곳에 와서 위로를 받으려고, 상처를 치유하려고 했었다는 사실은 이미 다 잊었다. 쓸데없는 일이었다.

그 무엇도 나를 껴안아줄 수 없었다.

한 시간쯤 지났을까. 나는 이번 여행에도 빠뜨리지 않고 가져온 패미의 블라우스를 짐 가방에서 꺼냈다. 그러고는 담요 가장자리를 잡아당기는 아이처럼 블라우스를 어루만지기 시작했다. 옷 끝에서 패미를 느낄 수 있었다.

나는 옷을 통해 그녀를 물리적으로 감각했다. 그녀는 그곳에, 내

호텔 방에 있었다. 나는 우리가 팔짱을 끼고는 할 때처럼 소맷자락을 붙들었다. 그러자 침착을 되찾을 수 있었다.

나는 방 안의 조그만 냉장고에서 차가운 생수를 꺼내 한 모금 마시고 텔레비전을 켰다. 그러고는 잠시 테니스 경기를 봤다. 머리가 앞뒤로, 양옆으로 움직였다. 그러다 나는 그네를 탔을 때처럼 일종의 원시적인 리듬을 찾아냈다. 톰이 돌아올 때까지 나는 계속 머리를 움직이고 있었다.

톰이 기름이 밴 종이봉투를 들고 내 방으로 왔다. 봉투 안에는 야시장에서 산 크레이프 두 개가 들어 있었다. 하나는 초콜릿과 라즈베리 잼이, 다른 하나에는 초콜릿과 바나나가 들어 있었다. 끈적끈적한 크레이프는 부드럽고 달콤했다. 다들 동남아시아에서는 길거리 음식을 먹지 말라고 하지만, 이런 크레이프를 먹는다고 해서 문제가 될 것은 전혀 없었다. 나는 마치 내일은 없다는 듯 크레이프 두 개를 먹어치웠다.

사실 내일은 존재하지 않는다. 영국의 시인 로버트 번스는 이 사실을 "인생은 기껏해야 하루에 불과하다"라는 말로 멋지게 표현한 적이 있다.

내가 크레이프를 먹는 동안 톰은 옆에 앉아 있었다. 우리는 별

말 없이 테니스 경기를 지켜보았다. 잠시 후 톰이 내 코를 톡톡 두드리며 잘 자라는 말을 남기고 방에서 나갔다.

테니스 경기가 끝났을 때, 나는 텔레비전을 끄고 잠들었다.

구원이란 이런 느낌이다.

· 12 ·

잊고 싶다면
작은 흔적들까지 모두 버려라

다음 날 아침, 샘이 전화를 걸어왔다.

인두염에 걸렸다고, 치료비가 1,400달러라고 했다. 고요한 분노
가 치밀었다. 나는 얼마나 걱정했는지 아느냐며 샘을 나무랐다. 일
종의 자기 정당화 작전이었다. 하지만 아들의 목소리를 들으면서
깊은 안도감에 마음이 물론 놓였다.

다음 날 오전 5시에 일어난 나는 승려에게 쌀밥과 남은 먹거리
들을 주는 것으로 날마다 공양 의식을 다하는 사람들을 보러 마
을로 걸어갔다. 사실 보러 갈 수밖에 없었다. 그렇지 않으면 신
께서 두 손으로 머리를 감싸 쥐고 당신이 내게 무엇을 잘못했느
냐며 괴로워하실 테니까.

그날 나는 걷기 편한 신발을 신고 반바지 위에 패미의 블라우스

를 입고 있었다. 교회를 찾아 마을을 어슬렁거리던 나는 톰이 일어나기를 기다리며 혹시나 뱀이 나타나지는 않을까 조바심하며 길에서 마주치는 고양이들을 어루만지면서 계속 걷기만 했다.

호텔로 돌아갔을 때 톰이 일어나 낡은 성경책을 읽고 있었다. 내가 말했다.

"여기서 교회에 갈 수 있을까?"

그는 마치 예언자처럼 보였다.

"일단 먹고. 우리한테는 영혼만이 아니라 몸도 있잖아."

우리에게는 오븐에서 갓 꺼내 김이 모락모락 피어오르는 롤빵과 멜론, 스타푸르트, 파인애플, 스크램블드에그가 있었다.

음식이 나오자 톰은 롤빵과 파파야 조각으로 성체 의식을 거행했다. 작은 새들이 합창단이었고 오렌지색 고양이들이 수녀들이었다. 톰이 성경의 한 구절을 읽었다.

"당신의 선함으로 우리는 지상이 주고 인간의 손으로 만든 이 빵을 가지나이다. 이것은 우리에게 인생의 빵이 될 것이나이다."

나는 어부가 부드럽게 낚아 올린 물고기가 된 기분이 들었다. 지상이 주고 인간의 손으로 만들었다니, 와. 나는 인생이라는 것이 그 어떤 의견이나 범주, 교리를 넘어선 현상이라는 것을 또 깜빡하고 있었던 거였다.

  뱃사공이 다가와 천천히 가는 보트를 한 시간 태워주겠다고 했다. 우리는 임시변통으로 만들어진 강가 선착장에서 그를 만나기로 했다. 식사를 마친 우리는 그곳으로 가서 뱃사공을 기다렸다. 몇 야드 떨어진 곳에서 낚시하는 남자들이 있었고, 한 가족이 생활하는 수상가옥 보트가 생필품과 식구들을 한가득 싣고 움직이고 있었다. 가는 빗줄기가 떨어졌다.

  내가 갑자기 패미의 블라우스 단추를 풀기 시작했을 때, 톰의 시선은 낚시꾼을 향하고 있었다. 나는 블라우스를 벗어 마지막으로 한번 움켜쥐었다. 블라우스는 이제 넝마에 가까웠다.

  톰이 고개를 돌려 나를 바라보았다. 나는 블라우스에 나 있던 구멍에 손가락을 넣어 길게 죽 찢었다. 붕대나 지혈대를 만드는 사람처럼. 슬픔을 의미하는 천을 찢으며 모든 후회와 회한을 내려놓고 다시 시작하겠다는 의지를 표현하는 의식처럼.

  갈가리 찢어진 블라우스 조각들이 강물 위로 흩뿌려졌다.

  톰과 나는 물의 흐름을 따라 밀려가는 조각배들을 바라보았다. 마지막으로 남아 있던 천 조각이 강물 위로 늘어진 관목들 잎사귀에 둘러싸여 꽃잎처럼 떠다니다 수평선 너머로 사라질 때까지. 그리고 우리는 일어서서 어깨를 나란히 맞대고 젊은 뱃사공이 기다리는 진흙투성이 강둑을 따라 걷기 시작했다.

chapter 4

모두에게 너무 아픈 사건이 일어났을 때

우리는 함께 있어야 한다.
무엇이 우리를 무너뜨릴지 모르지만
다 같이 역경에 맞설 때
가장 위대한 기적을 이뤄낼 수 있다.

우리는 혼자가 될 때마다
불안해지고 절망감에 빠진다.
그러나 서로 다른 색깔을 지닌 사람들이
한자리에 모일 때 묘한 아름다움이 발현된다.
그렇게 우리는 한발 나아간다.

우리는 혼자가 될 때마다 절망에 빠진다. 그럴 때마다 한 사람이 절망적인 상태에 빠진 다른 사람에게 닿을 수 있는 방법은 없다는 것을, '특히' 우리가 가장 사랑하는 사람들에게 닿기란 불가능하다는 것을 배운다.

상처를 입은 이들은 가시로 뒤덮인 채 자기만의 생각으로 굳어져 있다. 거기에서 더 다가가면 내가 사랑하는 사람에게 더 큰 상처를 주게 되진 않을까 하며 우린 뻗었던 손을 다시 거두어들인다. 때로는 거리를 두고 그저 지켜보는 것만으로도 힘들어하고 슬퍼하면서.

나이를 먹으면서 재미없는 사람이 되어가는 것도 슬픈 일이다. 잘나고 멍청한 생각과 한 몸이 된 우리는 타인의 눈에 띄지 않고 먼 거리에서 삶을 관찰할 때 가장 편안하다고 느낀다. 하지만 사람들에게서 동떨어져 편안함을 느껴봤자 아무런 경이로움도 느낄 수 없다. 희망은 그렇게 생겨나지 않으니까.

도리어 서로 다른 인격들이 한자리에 모이는 것을 바라볼 때 희망은 나타난다. 처음에는 대단히 다르고 부조화스럽게 보이는 인격들이더라도 말이다.

어린아이들은 어떤 색깔이나 무늬의 셔츠가 역시 어떤 색깔이나 무늬의 바지와도 어울린다고 생각한다. 이런 생각을 들은 어른들은 실제로 그런지 보려고 잠시 시선을 준다.

어지럽지 않게 서로 녹아드는 무늬에서 시각적인 리듬을 찾아낸 사람에게는 파란색 반바지가 팝아트적인 무늬와도 훌륭하게 어울려 보일 수 있다.

나는 이런 경우를 여러 번 보았다. 목에 문신을 잔뜩 새기고 요란하게 치장한 폭주족이 추수감사절 저녁을 위해 기부할 음식으로 상자를 채우는 모습도 아름다울 수 있다. 낡아빠진 소파에 앉아 책을 읽는 모습도 마찬가지다.

우리는 함께 있을 때 누군가를 상실한 경험을, 무엇이 우리를 무너뜨릴지 결코 알 수 없다는 데서 기인하는 스트레스를 이겨내고, 그 모든 역경에 맞서 가장 위대한 기적을 향해 나아갈 수 있다. 그렇게 우리는 이 세상이 끝난 것 같은 기분을 떨치고 예전과는 다르지만 어떻게든 온전하게 삶으로 되돌아간다.

미국의 사상가이자 시인인 에머슨은 이렇게 썼다.

"우리는 정착하기를 바라지만, 우리가 동요하는 상태에 있을 때라야 희망도 생겨난다."

얼핏 보기에는 받아들이기 힘든 말이지만, 중력이나 은총만큼이나 진실하고 당연한 말이다.

· 13 ·

아플수록 함께할 수 있는
행동을 찾아라

.

우리 집에서 32킬로미터 떨어진 곳에 인구 1,500명이 사는 해변 마을이 있다. 나의 첫 번째 기억이 자리한 장소들 중 하나인 그곳에서 나는 아버지와 오빠와 함께 썰물 뒤에 고인 따뜻한 물웅덩이에 들어가 물놀이를 하고는 했다. 종종 해산물로 저녁 식사를 하기도 했다.

갈매기와 펠리컨이 날아다니는 그 동네는 예술적인 향취를 풍겼다. 외지 사람들은 잘 모르는 곳이었다. 나와 친구들은 평소에 포도주를 챙겨 소풍을 가거나 가을이면 딱총나무 열매를 따러 갔다. 마을로 들어가는 길목에 차를 세워놓고 해변으로 곧장 뛰어들 수도 있었다. 배와 어부들, 그늘진 작은 길과 우뚝 솟은 나무들, 그리고 음식값이 약간 비싼 식당들이 있는 그곳에는 조개껍데기로 수 놓인 아늑한 해변이 있었다.

마을 사람의 대부분은 조상 대대로 그곳에서 살아온 이들이었다. 그렇지 않으면 육십 대에 이주한 사람들이었다.

그곳에는 사람을 홀릴 만한 요소들이 많았다. 색채와 물, 골풀, 다양한 식물들이 사람들을 황홀경으로 몰아갔다. 야생적인 쾌락의 색조로 가득한 고갱의 팔레트를 연상시키는 장소였다.

1995년, 내가 사는 동네와 가까운, 해안가로부터 몇 킬로미터 이상 뻗어나가는 길고 장엄한 산등성이에서 큰불이 났다. 마을에 사는 십 대 남자아이 네 명이 산에서 밤샘 야영을 하다가 캠프파이어를 했던 것이다. 산은 법적으로 캠프파이어가 금지된 곳이었다. 아침에 마을로 돌아가면서 아이들은 불을 제대로 끄지 않았다. 그러다 산불이 나 48제곱킬로미터를 태우고 가옥 50여 채를 전소시키고 말았다. 총기 난사나 쓰나미는 아닐지라도 엄청난 피해를 일으킨 일이었다.

헬리콥터가 바닷물을 실어 나르며 불길에 휩싸인 마을을 구했다. 마을과 불타는 소나무 숲 위로 물이 퍼부어졌다. 하지만 환경이 손실된 정도는 상상할 수 없을 정도였다. 새, 사슴, 코요테, 비버 들이 엄청난 피해를 입었다. 폭탄이 떨어진 것 같았다.

분노와 두려움, 공포, 잿더미, 그리고 슬픔 속에서 우리는 어떻게 기적을 바랄 수 있을까? 모든 것이 사라진 자리에 서서 우리는 무엇을 기도할 수 있을까? 잘못한 사람들을 위해? 눈앞에서 소멸된 것들을 위해? 남아서 아픔을 달래야 하는 사람들을 위해?

원망, 죄의식, 연민, 위로……. 거기에는 또 다른 감정들이 자리 잡게 될 것이다. 그전에는 깨닫지 못했던 것들을 발견할 수도 있다.

그로부터 몇 주 후, 미국 일간신문 〈샌프란시스코 크로니클〉의 칼럼니스트 존 캐럴은 한 독자에게서 받은 편지를 신문에 실었다. 편지는 공동체를 구하려고 촌각을 다투며 사투를 벌였던 소방관들의 영웅 같은 모습과 우리가 자연재해나 인재를 입은 후에 기대할 수 있는 관용과 연민, 하나됨을 말하고 있었다.

불의의 사고로 화재를 냈던 십 대 네 명은 각자 옆에 부모를 동반하고 일찍 자수했다.

신문에 실렸던 편지에서 찬사를 받았던 소방관 역시 신문사에 편지를 보냈다. 십 대 소년들이 조심스럽게 불을 끄려고 노력했다

어떤 공동체가

힘들고 어려운 시련에 빠져 허우적거릴 때,

사람들은 저마다의 실수를 털어놓으며

서로를 이해하게 된다.

함께 그 시기를 빠져나갈 수 있는 힘을 얻는다.

는 내용이었다. 아이들은 불꽃을 꺼뜨렸지만 그 밑에 남아 있던 불씨는 보지 못했다. 큰불이 나리라고 전혀 생각하지 못했던 아이들은 그렇게 그곳을 떠났다는 이야기였다.

그러자 마을 사람들은 상실과 고통을 공유하려는 노력을 지속하면서도 자신들 역시 십 대 때 저질렀던 최악의 실수에 대해 털어놓기 시작했다.

이처럼 힘들고 어려운 시기를 빠져나갈 길은 의외로 가까이에 있다. 거창한 도움이나 위로가 아닌 우리가 늘 하던 방식대로 하면 된다. 하지만 우리는 이런 생각을 쉽게 하지 못한다. 그래도 공동체로서 함께 행동을 취할 수는 있다.

· 14 ·

인간은 서로에게

다가가는 존재로 만들어졌다

화재를 겪은 공동체는 슬퍼하면서도 자비로운 마음으로 행동을 취했다.

연설과 눈물, 한숨, 과식, 그리고 남아 있는 호흡으로 다시 깊이 숨을 들이마실 수 있게 해주고, 소방관들에게 감사를 표하기 위한 소풍이 개최되었다. 마을 사람들 전부가 참여한 소풍이었다. 소방 대장이 연단으로 나왔다. 그리고 연설이 마지막에 이르렀을 때, 그는 기대와는 다른 말을 꺼냈다.

옛날에는 마을에 해를 입힌 사람들이 마을 밖으로, 울타리 밖으로, 공동체 밖으로, 보호받지 못하고 배척받는 곳으로 쫓겨난 적이 있다고 말했다. 그는 화재를 일으킨 십 대 소년 네 명을 언급하며 그들의 가족이 이사 갈 생각을 하는 모양이라고 했다. 그는 마을 사람들이 그들을 떠나보낼 생각이 없다는 것을 분명히 밝혀야 한다고, 그들을 원한다고, 그들이 필요하다고 말해주어야 한다고 강조했다.

박수 소리가 이어졌다. 화재로 집을 잃은 사람들이 소방대장의 말에 동의한다는 뜻을 밝혔다. 마을 사람들은 젊은이들이 울타리 안에, 보호막 안에 머물기를 바랐다. 신문사에 편지를 보낸 한 독자는 이렇게 썼다.

"그래서 나는 우리가 겪은 일이 홀로코스트로부터 스스로를 구하려고 고집스럽게 싸움을 계속해온 우리의 공동체가 거의 한순간의 망설임도 없이 젊은이들의 미래를 구하려고 노력하고 있다는 것을 드러내주었다고 생각한다."

신이 있다면, 요즘 나는 신이 분명히 존재한다고 생각하는데, 신은 희망이나 새로운 삶을 우리의 인생으로 돌려주기 위해 우리를 필요로 하지는 않지만, 계속해서 우리에게 도움의 손길을 내민다.

내 친구 애니가 말하길 신은 원하는 대로 할 수 있다고 한다. 신은 우리를 치유할 수도 날씨를 마음대로 바꿀 수도 불길을 일으킬 수도 있다. 하지만 신은 우리를 행동에 나서고 도와주고 공유하고 서로에게 다가가는 존재로 만들기를 선택했다. 선뜻 동의하기는 힘들다. 하지만 기분 나쁘게 듣지 마라. 우리를 보자.

죽은 사람의 마른 뼈가 부활하는 환상을 본 예언자 에스겔은 이 뼈들이 생명을 되찾아 다시 사람이 되리라고 생각했다. 그의 연민과 시선은 뼈들 사이로 스미는 실바람, 성령, 에너지, 다시 말해서 삶 그 자체였다. 그는 뼈들을 일으켜 스스로 서게 했다.

신은 선지자나 불타버린 작은 마을의 사람들을 필요로 하지 않는다. 그 대신 사람들이 그렇게 하도록 선택한다. 거기에서 다시 일어서도록, 스스로 치유하고 주변을 돌아보도록 한다. 사람이 사람을 이끌고 사랑하도록 한다. 신은 우리가 생각하는 것보다 훨씬 더 강하게 우리를 키우고 있다.

사람들은 불타버린 곳에서도
스스로 치유하고 주변을 돌아본다.
신은 우리가 생각하는 것보다
훨씬 더 강하게 우리를 키우고 있다.

• 15 •

서로서로 기대면
아무도 다치지 않는다

몇 년 후, 산 동쪽으로 32킬로미터 떨어진 마을에 사는 내 친구 하나가 또 다른 파국을 맞았다.

그녀의 이름은 헬렌으로, 나와는 공통의 친구를 통해 아는 사이였다. 나는 그녀가 이상적인 삶을 살고 있다고 생각했다. 그녀는 훌륭한 외모와 지성, 따스한 성격, 같이 늙어가는 사랑하는 배우자 등 우리가 원하는 전부를 갖고 있었다. 장성한 자녀와 사랑스러운 손자들까지 있는 그들은 편안하고 활기찬 삶을 살고 있었다. 같이 산책하는 부부를 보면서, 나는 둘이서 하나 되어 행복한 결혼 생활을 유지하는 그들을 질투했다. 그들은 산책을 하거나 침대에 누워서나 저녁 모임에 나가서나, 서로를 든든히 지켜주는 한 팀으로 보였다.

헬렌의 남편은 매력적이고 싹싹한 사람이었다. 그런데 어느 날, 우리 공통의 친구에게서 헬렌의 남편이 치매를 앓고 있다는 고백을 듣게 되었다.

사랑하는 가족이 치매를 앓게 된다면 세상이 무너지는 기분일 것이다. 당신은 어디에 발을 디뎌야 할지 찾지 못한다. 발이 구덩이에 빠져 발목이 부러질 수도 있다. 하지만 헬렌은 그녀의 이성의 끈을 놓지 않고, 남편을 곁에서 지켜주기로 결심했다. 동반자이자 아내였던 헬렌은 몇 달 동안 간병인이자 통역자가 되었다.

40년 동안 살면서 어려움도 있었지만 사랑과 즐거움으로 충만했던 그들의 공동체와 의사들이 할 수 있었던 최상의 일은 떨어지려는 조각들을 억지로 붙이는 것뿐이었다. 40년 전부터 꾸준히 하나였던 두 개의 천 조각은 이제 오래된 실오라기처럼 약해진 채 풀어지고 있었다.

헬렌은 견딜 수 없이 힘든 날이 이어질 때, 지난날의 사랑스러운 기억이 자신에게서 멀리 떠나가는 것처럼 느꼈을지도 모른다. 웃음 대신 고함이, 기쁨 대신 눈물이 그녀의 삶에 자리 잡기 시작했다. 헬렌과 남편의 삶은 공유하기 힘든 조각으로 나뉘어져 굵고 강한 실이 없다면 도저히 엮어질 수 없을 것처럼 보였다.

이런 순간들로 돌아가 무슨 일이 일어나는지를 볼 수 있다면, 고통과 고난을 겪고 있는 사랑하는 사람들을 볼 수 있다면, 우리는 삶의 비밀이 조각들로 구성되어 있음을 깨닫게 된다.

그렇다면 바늘에 실을 꿰자. 매듭을 만들자. 찢어진 조각을 이어 붙일 수 있도록 바늘땀을 뀔 자리를 찾자. 그리고 꿰매기 시작하자. 그리고 다시. 또다시.

결국 헬렌은 남편을 요양 시설로 보낼 수밖에 없었다. 함께였을 때 그들은 서로가 지닌 삶의 조각들을 존중할 수 있었고, 확신할 수 있었고, 무엇보다 중요하게도 기억을 공유할 수 있었다. 두 개의 천 조각이 함께 이어주던 실은 서로를 잘 알고 있었다.

좋지 않은 날이면 그는 집으로 데려가달라고 울면서 그녀에게 애걸하고는 했다. 그의 상태는 나날이 악화되고 있었다. 그들은 다만 그의 생명이 소멸할 때까지 서로의 손을 꼭 붙들고 있을 뿐, 달리 할 수 있는 일이 없었다.

가족들의 마음은 무너져내렸다. 관계를 이어주던 천 조각은 점점 더 작아지기만 했다. 그리고 그들의 결혼 생활도 가족 전체를 덮어주는 담요가 될 수 없었다.

우리는 헬렌을 위해 나섰다. 그녀와 통화하고, 산책을 같이 나갔다. 우리는 그녀의 말을 들으며 고개를 끄덕이기도 했고, 한숨을 쉬기도 했지만, 그녀의 슬픔에 함몰되지는 않았다.

우리는 헬렌의 곁에 있는 우리를 받아들이라고 그녀를 설득했다. 약속도 했다. 우리를 받아들이는 것만이 수렁에서 빠져나올 수 있는 유일한 길이라고. 이웃이나 친척들을 비롯해 50년 전의 대학 친구들까지 방방곡곡에서 헬렌을 찾아왔다.

사람들로 이루어진 촘촘한 그물망이 그녀를 단단히 붙들어주리라고 누가 약속할 수 있을까?

섣불리 할 수 없는 약속이다. 하지만 나의 약속은 지켜졌다. 시간이 지나면 또다시 사람들이 물결처럼 밀려들었고, 사람들의 흐름이 연결되었다는 느낌을 만들어냈다. 그래서 그녀는 혼자가 아니었다. 그녀는 사람들과 함께였다.

헬렌과 그녀의 남편은 결혼 전에 짧게 연애를 했다. 손이 손에, 그리고 팔에 닿던 시간이었다. 그녀의 남편이 그녀를 알아보지 못할 때가 있더라도, 그녀는 그의 구세주였다. 그녀는 날마다 남편을 찾아갔다. 작은 순간들이 그녀를 위로했다.

집의 창가에서 그녀와 남편은 새와 뒤뜰을 가로지르는 사슴, 땅

다람쥐, 그리고 찰나의 순간 그들에게 충만한 감정을 불어넣는 장면들을 보고는 했다. 우리의 삶을 구성하는 장면들을. 헬렌과 그녀의 남편은 세세한 장면부터 큰 장면에 이르기까지 인생의 모든 장면들을 함께했다.

그러나 남편이 죽었을 때, 헬렌의 가슴은 무너져 내릴 수밖에 없었다. 미국의 대표적인 여성 문학가 조라 닐 허스턴이 했던 말처럼 "영원의 가장 잔인한 순간"이었다.

사랑하는 사람이 한순간 사라진다는 것을 받아들일 수 있는 사람이 몇이나 될까. 이럴 때에는 인간이 경험을 공유하며 살아간다는 게 얼마나 잔인한지를 새삼 느끼게 된다. 그가 쓰던 컵, 읽던 책, 입던 옷, 좋아하던 물건은 그대로 남아 있는데 사람만 사라졌다. 그 빈자리가 너무 커서 때로는 눈길을 두는 것조차 겁난다. 헬렌에게도 그렇게 힘든 순간이 찾아왔다.

하지만 그 후, 시간은 어떻게든 흘러갔다. 헬렌은 평정심을 되찾았고, 다시 점점 강해졌다. 이제는 남편 없이 홀로 살아가게 되었지만 다시 삶을 사랑하게 된 것이다. 이는 사랑이 위대하다는 것과 오랜 시간이 지나더라도 끝까지 남는 것은 사랑이라는 사실을 보여주기에 충분한 증거였다.

헬렌과 나를 이어준 친구의 아들이 생사를 넘나들 정도로 아팠을 때, 그 친구 또한 우리가 고통을 이겨낼 것이며 이 순간이 지나가면 경이로움이 나타나리라는 약속을 몸소 보여주어야 했다.

헬렌은 아무리 찬바람이 불어닥쳐도 서로서로 기댄다면 아무도 다치지 않는다는 것을 보여주는 산증인이었다.

우리는 그렇게 다른 사람의 추락을 막을 수도, 그를 일으켜 세울 수도 있다. 누군가는 손을 내민다. 당신은 도움이 필요한 사람 누구에게라도 손을 내밀 수 있다. 나이 든 성자에게도.

우리는 다른 사람의 추락을 막을 수도,
일으켜 세울 수도 있다.
당신은 도움이 필요한 사람 누구에게라도
손을 내밀 수 있다.

· 16 ·

사랑과 관심을 보여주는 방법은
다양하다

얼마 후, 우리는 또 다른 친구에게 손을 내밀었다. 비전 산에서 남쪽으로 32킬로미터, 헬렌이 사는 동네에서 32킬로미터 떨어진 해안가 마을에 사는 친구였다. 나와 헬렌이 함께했다.

그녀의 장성한 아들 데이비드는 길에서 30년쯤 살아왔다. 그는 자기 소유의 작은 거처가 있음에도 집을 나가 살기를 선택했다. 나는 그 애를 어렸을 때부터 알았다. 장난꾸러기 요정을 연상시키는 얼굴에 머리카락이 온통 쏟아져 내려와 있을 때도 여전히 순수함이 엿보였다.

몇 년 전 나는 그의 할머니 장례식장으로 그를 태워다 준 적이 있었다. 그는 망가진 전자 기기로 가득한 쇼핑백을 품고 쓰레기차에서 끼니를 훌륭하게 해결하고 있다며 자랑했다. 하루 온종일을 걸어 다니는 그는 매우 튼튼했다. 또 다정했고, 똑똑했고, 장난꾸러기였고, 알코올에 빠졌고, 정신적으로 문제가 있었다.

그의 어머니는 그가 술을 마시지 않았을 때만 일주일에 한 번쯤 그를 집으로 불러 커피나 수프 등 음식을 먹였다. 누군가는 왜 아들을 집에 들이지 않느냐고, 보살펴야 하는 것 아니냐고, 그게 부모의 의무 아니냐고 따질지도 모르겠다. 하지만 이렇듯 사랑의 모습은 가끔 당신이 생각하는 것과는 다르다.

대부분의 우리와 마찬가지로 처음에 데이비드의 어머니 역시 도움을 요청하지 않으려고 했다. 삶의 파편과 구멍 들로 심각하게 상처를 입은 예외적인 경우가 아니라면 말이다. 다른 식으로 표현하자면 그녀는 늘 스스럼 없이 손을 내미는 사람은 아니었다.

마을 사람들은 언제나 데이비드에게 다정했다. 다정한 대우를 받는다는 것은 평범한 일상을 대단히 기이하게 살아가는 사람에게는 굉장한 축복이다.

사람들은 늘 그의 어머니에게 사회적 관습을 벗어난 질문을 던졌다.

"데이비드는 잘 지내나요?"

"당신은 잘 지내십니까?"

그녀의 대답은 이랬다.

"뭐, 맨날 똑같죠."

"지긋지긋하죠. 당신은 어때요?"

그러던 어느 날, 데이비드가 그의 오두막에서 엄청난 간질 발작을 일으켰다. 그리고 다시 한 번. 친구가 사경을 헤매던 그를 발견해 한 시간 거리에 있는 병원 중환자실로 옮겼다. 데이비드는 간신히 생명을 부지하고 있었다. 나는 그가 우리를 떠나지 않기를 간절히 바랐다.

마침내 데이비드가 중환자실에서 일반실로 옮겨졌다. 그러자 나의 친구는 절망의 수렁에 빠지고 말았고, 아드레날린도 더는 분비되지 않았다. 이제 그는 어디로 갈 것인가? 나는 그녀에게 이렇게 말했다.

"데이비드를 총체적으로 보도록 해."

그녀는 나중에 이 말이 가장 도움이 되었다고 했다. 우리는 아픈 사람을 가망이 없다고 생각하는 대신, 그를 신의 단골손님이라고 생각할 때 마음의 압박을 덜 수 있다. 그렇게 우리는 아픈 사람을 사정없이 움켜쥐던 손에서 힘을 뺀다. 그러면 대개 모두가 편해진다. 어떤 사람들은 이를 은총이라고 부른다.

데이비드는 다시 걷는 법과 말하는 법을 익혔다. 횡설수설할 때도 있었지만 말이다. 병원을 찾아갈 때마다 그는 나를 만나서 정말로 반갑다고 말하고는 했다. 나뿐만 아니라 어머니의 모든 친구들에게도 마찬가지였다.

마을 사람들은 꾸준히 그의 상태에 대해 물었다. 처음에 내 친구는 아들이 아마도 재활 치료 시설에 들어가야 할지도 모른다는 나쁜 소식을 들려주기를 두려워했다. 사람들은 이렇게 말했다.

"정말로 힘들겠군요."

그들은 데이비드를 위해 눈물을 흘렸고, 찾아가기도 했다. 그의 어머니는 공동체의 질문을 받는 견습생 또는 인턴이 된 것 같았다. 하지만 질문에 대답하고 사람들의 사랑을 받아들이고 이를 아들에게 전달하는 과정에서, 그녀가 선 좁은 땅은 넓은 요람으로 바뀌었다. 사람들은 이렇게 말했다.

"말만 해요. 내가 언제든 여기 있으니까."

그들은 이 말을 지켰다. 그들은 차를 태워주고, 잡일을 해주고, 좋은 생각을 공유하고, 그녀가 미처 생각하지 못한 일이나 때때로 급한 일을 해주었다.

헬렌도 그런 사람들 중 하나였다. 절망을 벗어난 그녀는 새로운

세심한 손길로
한 사람을 구할 수 있다.
"우리는 그가 그리워요"라는
한마디와 함께.

삶을 살고 있었다. 예전처럼 사랑하던 삶은 아닐지 몰라도, 여전히 근사한 삶이었다. 그리고 그녀가 살아가면서 점점 더 좋아할 수 있는 삶이었다.

나의 친구는 비록 아들이 남들과는 좀 다르고 다쳤지만 훌륭한 면을 갖추고 있다는 것을 서서히 알아차리기 시작했다. 그녀는 그때까지 데이비드를 얼마나 사랑하는지 생각해본 적이 없었다. 아들의 미심쩍은 인생을 납득할 수 있다고 생각해본 적도 없었다.

하지만 마을 사람들은 그녀와 다른 시각을 갖고 있었다. 사람들은 이렇게 말하고는 했다.

"데이비드는 언제나 날 찾아와서 물건을 고쳐줘요."

"그는 늘 내게 공손하죠. 마치 다른 시대에서 온 사람 같아요."

"날마다 햇볕에 까맣게 탄 튼튼한 두 다리로 바깥에서 사는 즐거움을 만끽하며 산책하는 그의 모습을 보고 있으면 즐거워요."

그녀는 오랜 세월이 지난 후에야 마침내 아들이 어떤 사람인지를 알았다. 그는 어딘지 이상하지만 많은 사람들에게 친절하게 대하는 사람이라는 것을 깨달았다. 마을 사람들이 그녀에게 자세히 이야기를 들려줄수록, 그녀는 그들의 얼굴에 비친 아들의 모습을 더 가까이서 볼 수 있었다. 마치 곤충의 겹눈으로 지켜본 듯 마을 사람들이 사방에서 데이비드에 대해 한마디씩 했던 것이다.

사랑스럽지만 버려진 아이, 외로운 사람이었던 그는 어린 시절의 친구, 나이 든 숙녀의 친구, 자연주의자, 대개 무료로 가전제품을 고쳐주는 사람으로 거듭났다.

퇴원할 수 있을 정도로 데이비드의 상태가 호전되자 나의 친구는 그가 살기에 좋은 장소를 찾으려고 애를 썼다. 힘들게 찾아본 끝에 그녀는 알츠하이머로 고생하는 환자들이 주로 이용하는 시설을 찾을 수 있었다. 그는 간질 발작과 탈출에 대한 욕구, 감정의 폭발을 예방해주는 강력한 약을 처방받았다.

그녀는 또다시 사람들의 질문을 두려워했다. 뭐라고 할 것인가? "나는 그 애를 정신병원에 넣었어요. 그래도 '근사한' 정신병원이기는 하죠." 하지만 사람들은 세심했다. 그들은 "어째서 그 애를 병원에 가두고 말았나요?"라고 묻는 대신 "우리는 그가 그리워요. 우리는 그에게 관심을 갖고 있어요. 당신에게도 마찬가지고요."라고 말을 건넸다.

그들이 있었기에 그녀는 자신만의 고통을 벗어나 더 크고 위대한 무엇의 일부가 된 기분을 느낄 수 있었다. 그리고 헬렌을, 고통을 이겨내는 헬렌을, 끝까지 세심한 돌봄의 대상이 되었던 그녀의 남편을 보았기에 그녀는 데이비드와도 그렇게 할 수 있으리라고 생각했다.

그리고 실제로 그렇게 할 수 있었다. 친구는 2주일에 한 번씩 차를 몰고 아들을 보러 간다. 두 사람은 짧게 산책하고, 그간 있었던 일을 이야기한다. 가끔 데이비드는 아무런 의미도 거의 없는 말을 하기도 한다. 그래도 그녀에겐 그곳까지 운전해 찾아가는 일이 즐겁다.

도로 양쪽으로 키 큰 나무들이 끝없이 늘어서 있고, 풍경은 근사하다. 말과 소, 연못과 농장이 보인다. 긴 도로를 따라 다채로운 색상들이 지나간다. 밝고 눈부시다. 어두운 선글라스로도 가릴 수 없는 밝은 빛이 쏟아진다.

· 17 ·

각기 다른 색깔들도
많은 수가 모이면 아름답다

이 두 여성은 살면서 말로 표현하기도 힘든 고통을 겪었다. 이런 삶은 누군가 당신에게 말하기를 잊는 불행한 유형이 될 수 있다. 그들 삶은 그들이 결코 동의할 수 없었던 방식으로 조각났다. 하지만 그들은 조각들을 다시 잇기 시작했다. 조각들은 거칠고 조악하다. 치매가 본질적으로 그런 것처럼. 그래서 나는 우아하고 보기 좋은 퀼트보다 다소 거칠고 촌스러운 퀼트를 좋아한다.

우리는 질서와 편안함을 방해하는 거칠고 투박한 퀼트에서 아름다움을 본다. 전혀 어울릴 것 같지 않은 넝마와 찢어진 조각들로 만들어진 퀼트는 그럼에도 견고하고 예쁘다. 평범하지 않은 질서와 원칙, 그리고 수많은 리듬이 깃든 퀼트 작품을 구성하는 색깔들이 과하게 느껴질 때가 있다. 이런 색깔들은 길이 어디로 향하는지

정확히 모르면서 하나가 다른 하나를 이끄는 재즈처럼 즉흥적이다. 그러나 그 길은 이미 완성된 것을, 또는 막 완성되려고 하는 무언가를 가리키게 될 것이다.

삶에 정해진 길은 없다. 정해진 규칙도 없다. 우리는 그저 조각난 경험과 기억들을 잇고 또 이어, 서로서로 엮어 자신만의 인생을 만들어나갈 뿐이다.

하늘빛 인생만을 바란다고, 분홍빛의 인생만을 바란다고, 그대로 이루어지리라 믿는 것은 어리석다. 즉흥적이고 제멋대로인 인생의 조각을 스스로에 대한 강한 믿음으로, 때로는 주변 사람의 위로나 친절로 엮어나가야 한다. 그것이 바로 우리가 해야 할 일이다.

퀼트와 재즈에는 빠져나갈 수 있는 길에 대한 단서와 힘, 성스러움과 온기가 깃들어 있다. 세상이 늘 우리를 위협하고, 우리는 심각하게 상처를 입기도 하지만, 우리는 늘 다른 사람이 거센 바람을 견디며 안전하게 서 있을 수 있도록 도와준다. 이보다 더 큰 의미가 또 어디 있겠는가?

chapter 5

지나간 실패를 회복할 수 없다면

실패는 부끄러워할 일이 아니다.
헝클어지고 파란만장한 게
삶의 원래 얼굴이니까.
어려움을 알리고,
도움부터 청해라.

당신과 비슷한 아픔을 가진 사람들을 살펴보라.
그들을 통해 타인에게 도움을 주는 법,
외롭고 고통받는 사람들과 연대하는 법,
약자에게 다정하게 손 내미는 법을 배울 수 있다.

나는 1986년 7월, 마침내 술을 끊고 다시 일어섰을 때까지 수많은 사람들의 도움을 받았다.

그때까지 서른두 해를 살아오는 동안 나는 가족 구성원들을 통해 어떤 통찰이나 의미를 찾으려고 했다. 상당한 교육을 받은 나의 가족들은 즐겁게 어울릴 수 있는 사람들이었고, 술을 마셨다. 그들과 함께, 같은 행동을 하고 즐기는 게 나에게는 너무도 자연스러운 일이었다. 하지만 나는 술을 끊었고, 몇 년 후 아이를 낳았다. 내 삶에서 가장 극단적이라 할 수 있는 두 가지 결정이었다.

나보다 먼저 술을 끊고 정신을 되찾는 과정을 거쳐 나를 도와준 사람들 역시 나처럼 오랫동안 사회적으로 받아들여지지 않았다고 한다. 그들은 자신들의 경험을 이야기하며 내가 종종 길을 잃을지도 모른다고, 처참한 기분을 느낄 수도 있다고, 또한 삶이란 늘 변덕스럽고 아름다우며 이해할 수 없다는 것을 알려주었다. 해결할 수 없는 문제들과 더불어 살아가는 능력이 곧 성숙함이라는 것도.
진실은 현실에 딱 맞아 떨어지지 않는다는 것도.

　한편 그들은 내게 겸손함도 가르쳐주었다. 혹은 가르치려고 했
다. 그전까지 나는 겸손에 대해 잘 알지 못했다. 굴욕에 대해서는
좀 알았다. 자기중심주의에 대해서도. 나는 그들의 도움을 통해 아
이를 기른다는 것은 힘들고 고된 일이며, 어떤 사람이라도 엉망진
창인 구석 하나쯤 숨기고 있다는 것을, 친구들이 죽는다는 것을,
그럼에도 불구하고 술을 마실 필요는 없다는 것을 배울 수 있었다.

　겉으로 보기에는 아무리 훌륭하게 보이는 사람이더라도 얼마든
지 불안정하고 흐트러진 모습을 보이거나 쓰레기처럼 행동할 수
있다. 우리 역시 겉모습만으로는 괜찮게 보일 수 있을지 모른다.
특히 우리가 가장 사랑하는 것들과 없어서는 안 될 것들에 대해서
는 얼마든지 파란만장한 일들을 겪을 수 있다.

　그들은 신이든 인생이든 또는 그 무엇이든 우리 사이에 응급텐
트를 설치할 준비를 하고 있다는 것도 가르쳐주었다. 마치 군대의
이동식 병원처럼 말이다. 우리는 그 텐트에서 함께 버틸 수 있고,
불행하게도 살면서 종종 일어나는 힘겨운 일들을 함께 헤쳐나갈
수 있다.

그들은 내게 타인에게 도움을 주는 법과 외롭고 고통받는 사람들과 연대하는 법, 약자에게 다정하게 손을 내미는 법을 행동으로 옮기는 것이 행복으로 이어지는 최상의 길이라는 것을 가르쳤다. 그들은 나의 잘난 생각들이 대개는 아무런 도움이 되지 않으며, 특히 밤 10시 이후의 생각들은 하나같이 쓸데없다는 것도 가르쳤다. 그들은 내게 타인에게 관심을 기울이는 법을, 하지만 나의 편협하고 자기중심적인 사고방식에는 덜 주목하는 법을 가르쳤다.

자기애가 너무 강할 때 세상이 내 중심으로만 돌아가듯이 느끼는 것처럼, 아이러니하게도 자기만의 슬픔이나 상처에 빠져 있다 보면 세상의 온갖 불행이 내 중심으로 모이는 것 같은 기분이 들기도 한다. 다른 이에게 눈길을 줄 여유는 없다. 내 슬픔을 다독이기에도 부족하다. 하지만 아주 살짝 고개를 기울이기만 해도 '그럼에도 불구하고 살아가는 것들'과 마주치게 된다. 어차피 사라질 운명인데 왜 그렇게 열심히 달려? 어차피 망가질 텐데 왜 그리 정성을 쏟아? 외로움과 두려움에 갇혀 있던 나는 비아냥거리며 질문을 던진다. 하지만 이유는 간단하다. 그렇게 생각하는 순간에도 '살아 있으니까'. 나쁜 날들이 이어지더라도 그 속에서 버텨야 하니까. 혼자보다는 누군가의 손을 잡는 게 덜 힘드니까.

그래서 나는 하이킹을 갈 때마다 마주치는 검정방울새들에게 관심을 갖는다. 평범하고 작은 잿빛 새인 검정방울새 수컷은 머리통이 검다. 뼈와 깃털을 다 합쳐도 무게가 28그램 정도에 불과하다. 발과 부리의 무게를 합쳐도. 검정방울새들은 땅에서 종종거리거나 나뭇가지 위에서, 잔디 위에서 뛰논다. 나는 새들의 작은 움직임 하나하나를 놓치지 않으려 한다. 작은 몸에서 내딛는 한 걸음에, 그동안 찾지 못했던 삶의 즐거움을 만나기도 한다. 그런 새들을 바라볼 때마다 내 얼굴에는 웃음꽃이 피어나고, 그러면 온몸을 채우는 희망이 느껴진다.

· 18 ·

실패를 알려라

도움부터 청해라

어려움을 말하라

나는 언제나 세상 모든 사람들에게 내가 지닌 힘으로나마 나름대로 도움과 희망을 줄 수 있도록 손길을 뻗어왔다. 내게 가르침을 준 많은 사람들은 나 역시 타인에게 도움을 '요청'해도 괜찮다고, 때로는 푹 기대도 괜찮다고 말해주었다. 정말이지 근사한 가르침이었다. 그렇게 나는 내 주변에 늘 열성을 다해 나를 도와줄 사람이 있다는 것도 알게 되었다. 내가 타인에게 어떤 식으로든 도움을 주는 것처럼, 마찬가지로 내게 어떤 식으로든 도움을 주는 사람들이 늘 존재하기 마련이다.

이런 사람들은 마치 신처럼 솜씨가 좋거나 모르는 것이 없다. 나의 경우에도 한 친구는 뛰어난 편집자이고, 다른 한 친구는 망가진 물건을 능숙하게 수리하는 법을 안다. 또 한 친구는 예쁜 지갑을 만든다. 이들은 무엇 하나 소중히 여기지 않는 게 없다. 쓸모없는 단어들만 모인 것 같아도 감동적인 문장으로 다시 태어나게 만들고, 고장 난 기계는 몇 십 년은 거뜬히 쓸 수 있을 만큼 제몫을 해내게 된다. 이 친구들은 자신의 재능으로 사물에, 온갖 것에 새로운 숨을 불어넣는다. 만물에 도움을 준다.

내 친구이자 불굴의 의지를 지닌 변호사인 보니는 내가 까다로운 질문을 던질 때마다 늘 성실하게 대답해준다. 그녀의 답변은 마치 약초 같아서 나의 심적 상태를 치유한다. 그녀가 나를 지나치게 아낀다는 생각이 들 때마다 나는 그녀를 "보니 엄마"라고 부르고는 하는데, 이럴 정도로 그녀는 엄마처럼 나를 돌봐준다.

또 다른 친구 네샤마는 바느질을 잘한다. 바느질의 여왕이라고 부를 수 있을 정도다. 그녀는 얌전한 패턴들과는 달리 일종의 원시 예술처럼 보이는 화려하고 독특한 작품들을 만들어낸다. 그녀가 딸을 위해 눈부신 크림색 웨딩드레스를 만든 적은 있지만 말이다. 그녀가 수선하지 못하는 옷은 없다. 그녀는 자신의 가족과 나를 위해 옷을 고쳐준다. 내 아이의 옷을 수선해주던 그녀는 이제 내 아이의 아이 옷을 수선해준다. 그녀는 내 기억보다, 혹은 내가 인정할 수 있는 것보다 여러 번 바지 품을 넓혀주었다.

누군가의 도움이 필요할 때
홀로 감내하려고만 하지 말아야 한다.
주변에는 열성을 다해 어떤 식으로든
도움을 주려는 사람들이 기다리고 있다.

나는 커다랗고 넓은 거실 창문에 걸려고 바닥까지 내려오는 순백색 커튼 네 장을 산 적이 있었다. 예쁜 커튼이었다. 위쪽 절반은 하얀 스테인드글라스 나뭇잎들로 장식되었고, 아래쪽 절반은 단순하고 단정한 흰색 면직으로 만들어져 있었다. 도로와 면한 거실 창문에 커튼이 달려 있지 않았더라면 지나가는 사람들이 내 모습을 적나라하게 볼 수밖에 없었다. 그래서 내가 산 커튼은 예쁜 동시에 실용적인 목적도 갖고 있었다.

내가 굳이 '갖고 있었다'고 말한 까닭은 집에서 키우는 보디라는 이름의 검은색과 흰색이 뒤섞인 커다란 잡종 개가 커튼 한 장의 아래쪽 절반을 엄청 큰 발톱으로 할퀴어 넝마를 만들어놓았기 때문이다. 감히 우리 집에 침입하려는 우체부와 끔찍하게 무서운 검정 방울새들로부터 가족을 지키려다 그런 모양이었다. 보디가 찢어놓은 커튼은 하와이언 무용수들이 입는 치마처럼 너덜너덜했다.

나는 다시 커튼을 사러 갔다. 하지만 재고가 없었다. 더군다나 다음 시즌에도 들어올 계획이 없다고 했다. 온라인에서도 품절이었다.

넝마가 된 커튼을 떼어냈지만 그냥 버릴 수는 없었다. 윗부분은 여전히 근사했다. 삶이 아직 손을 미치지 않은 부분이었다. 커튼을 계속해서 근사하고 깨끗하게 지킬 수 있는 방법은 개의 발톱이 닿는 곳보다 높이 두는 것뿐이었다. 더 좋은 방법이 있다면 아예 커튼을 사용하지 않는 것과 반려동물은 절대로 기르지 않는 것이다.

나는 찢어진 커튼을 치우고 다른 커튼을 걸었다.

그로부터 1년쯤 지났을 때 무시무시한 암살자인 검정방울새가 앞문으로 날아 들어온 일이 있었다. 새를 쫓던 보디가 새로 단 커튼에 나 있던 조그만 구멍으로 뛰어들었고, 그 안에서 버둥거리다가 작은 구멍을 거대한 구멍으로 만들고 말았다. 커튼 속에서 허우적거리는 개는 애니메이션 〈판타지아〉에서 발레 튀튀를 입은 하마처럼 보였다.

보디는 매우 미안해했다. 하지만 엎질러진 물이었다.

나는 한동안 보디만 한 구멍이 난 커튼을 그대로 내버려두었다. 볼 때마다 헛웃음이 나왔다. 그러다 네샤마에게 커튼 이야기를 하게 되었다. 위쪽 부분은 두 장이 그대로 남아 있지만, 아래쪽 두 장은 없다고 설명하자 그녀는 온전한 위쪽 부분과 어울릴 만한 커튼을 만들 수 있을지도 모르겠다며 직접 한번 보고 싶다고 말했다.

무언가를 수선하거나 복구할 때 필요한 것은 포기하지 않는 태도뿐이다. 어려서 학교에 다녔을 적에 내 안에서 달콤한 성취감으로 빛나는 두 눈과 타인에게 기쁨과 감명을 주고자 하는 욕구를 감지한 선생님들이 몇 분 계셨다. 그분들은 내 안에 힘과 아름다움이 숨어 있다는 것을 눈치채셨지만, 내가 이를 두려워하며 망설이고 있다는 것도 아셨다. 그러나 선생님들은 남녀노소를 불문하고 흔들리지 않는 인내심으로 내 가치를 확신하며 가르침을 주셨다. 마치 이모나 할아버지처럼. 그분들은 내게 귀중한 호기심을 보였다. "그 안에 누가 있니? 나와서 진짜 네가 어떤 사람인지 한번 말해볼래? 내가 너를 지켜볼게. 진심으로 친구들을 사귀고 싶니? 자, 이 시를 한번 읽어보자."

나도 이런 선생님들처럼 되고 싶다. 우리는 이런 사람이 되어야 한다. 깊은 내면의 무기력으로부터 진짜 존재를 끌어낼 수 있는 사람 말이다.

톨스토이는 "아무리 사소한 선행이라도 거기에는 가장 위대하고 중요한 행동 못지않은 에너지가 필요하다"라고 말했다. 나의 작은 장점을 찾아내 내 존재를 확인시켜주려 했던 선생님들도, 나를 위해 찢어진 커튼을 고쳐보겠다고 한 네샤마도 나의 숨겨진 소망이나 걱정을 찾아내 밖으로 끄집어내주었다. 굳이 내가 티를 내지 않더라도. 별거 아닌 말 한마디나 행동이라 해도 그것을 실천하는 데에는 노력이 필요하다. 특히나 다른 이의 마음을 읽는 데에는 '지켜보는' 시간과 정성이 필요하다. 누군가가 갖고 있는 진짜 가치와 그 사람만의 의미를 찾는 데에 애정을 갖고 '지켜보는 것'보다 중요한 것은 없다.

한 달이 지나고 네샤마는 온전히 남아 있던 위쪽 두 장의 커튼에 영감을 받아 제작한 멋진 커튼을 가져왔다. 그 과정을 간단히 옮겨보면 다음과 같다.

그녀는 도전 정신을 최대한 발휘해 창작에 나섰다. 먼저 재료를 늘어놓고, 살펴보고, 가능한 수선 방식을 고민했다. 그러고는 소매를 걷어붙이고 본격적인 작업에 나섰다.

먼저 온전한 위쪽 두 장의 커튼을 핀으로 고정시켰다. 그 후 그녀는 치수를 재고, 핀을 꽂고, 신음을 내뱉고, 포기했다가, 다시 시작했다. 그러다 마침내 손때 묻은 재봉틀로 첫 박음질을 시작했다.

그녀가 만들던 커튼은 1인치 정도 길이가 모자랐다. 그래서 모자란 부분을 띠를 만들어 붙였다. 그 때문에 커튼은 자연스레 나팔 모양으로 펼쳐지게 되었고, 그녀는 양옆의 빈 부분을 위해 긴 천

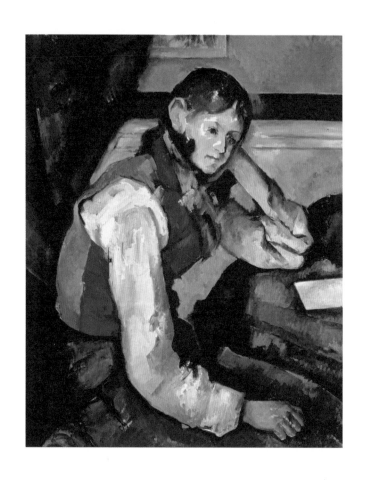

우리는 깊은 내면의 무기력으로부터
진짜 존재를 끌어낼 수 있는 사람이 되어야 한다.
무언가를 복구할 때에도 포기하지 않는 태도가 필요하다.

조각 두 장을 이어 붙였다. 천이 여러 겹 겹친 부분이 몇 군데 있었다. 상단부와 하단부 사이의 주요 경계선은 이처럼 겹친 천 조각들로 볼록해졌다.

그녀가 말하길, 솜씨 좋은 사람이라면 처음부터 정확하게 치수를 재어 이런 문제들을 피할 수 있을 거라고 했다. 하지만 본능과 믿음에 따라 작업하는 그녀는 다소 힘겨운 문제들과 씨름할 수밖에 없었다.

정밀한 재단사가 커튼을 고쳤다면, 아마 전의 모양 거의 그대로 커튼이 '복구'되었을지도 모른다. 하지만 나나 네샤마가 바란 것은 온전한 되돌림이 아니었다. 찢어지면 찢어진 대로, 구멍이 나면 구멍이 난 대로, 상처가 지나간 흔적 위에 다른 것을 덧댄 것뿐이다. 그걸로 충분했다.

우리는 이미 커튼을 원래 상태로 되돌릴 수 없다는 것을 알고 있었다. 제 모습을 갖추지 않았다고 해서 커튼이 쓸모없는 물건이 되지는 않는다. 다만 조금 다른 모양과 색깔, 감촉을 지니게 되는 것이다. 술을 끊기 전과 후의 내가 그렇듯이, 사랑하는 사람을 잃기 전과 후의 누군가가 그렇듯이, 끔찍한 사고를 겪기 전과 후의 어떤 이가 그렇듯이.

· 19 ·

서툰 것은
부끄러워할 일이 아니다

바느질이란 손가락과 마음이 한 몸이 되어 서로를 이끌어주는 작
업이다. 비교적 건강하고 애정 넘치는 가정에서 자라난 사람이라
면 얼마든지 실수해도 좋다. 다시 돌아가서 실수를 만회하거나 보
수할 수 있기 때문이다. 하지만 누구나 이런 사람인 것은 아니다.

나는 서른두 살이 되어서야 실수를 저질러도 괜찮다는 것을 배
웠다. 나를 알코올중독과 불안정한 상태와 완벽주의에 대한 집착
에서 건져 올린 사람들이 가르쳐준 사실이었다.

자신들도 실수를 저질러본 경험이 있는 사람들은 소인국 사람들
이 걸리버를 묶었던 것과 같은 힘이 나를 내리누를지라도 그 힘이
야말로 내가 다시 삶을 살아가게 해주는, 길을 되찾을 수 있게 해
주는 에너지라는 것을 알고 있었다.

끝없이 하강하는 엘리베이터처럼 삶의 기력이 떨어지고 있을 때 낡은 천 조각들로 삶에 저항하고, 멍하니 있고, 늘 나를 괴롭히는 막연한 부끄러움을 차단하면서, 나는 더 큰 상처를 입지 않을 수 있었다. 나를 도왔던 사람들 역시 엉망진창인 상태로 어둠 속의 기나긴 터널을 빠져나온 나를 바라보며 어떤 의미와 서툰 구원을 찾아냈다. 그렇게 예쁘거나 감동적이지는 않을지라도 경이로운 일이었다.

커튼을 만드는 동안 네샤마는 가끔 진척 상황을 알려오고는 했다. 정말이지 인생을 건 독창적인 작업이었다. 나라면 그저 남아 있는 커튼 조각들을 서로 붙일 방법이 없다고 생각해버렸을 것이다. 겹쳐서 바느질할 생각도, 어떻게 보면 뒤죽박죽인 봉제 선을 만들어볼 생각도 못 했을 것이다.

가장 두꺼운 천 조각이 있는 부분을 재봉틀 노루발에 물릴 수 없었으므로 그녀는 상당히 많은 부분을 손바느질로 작업해야 했다. 그녀는 작은 조각들을 모아 핀으로 고정하고, 바느질하고, 풀고, 해체하고, 다시 핀으로 고정하고, 다시 바느질했다. 이 과정이 끝없이 반복되었다.

만약 인생이 조금의 흐트러짐도 허용하지 않는 정교한 바느질과 같이 이어져야 하는 것이라면 어떨까? 아예 실수라는 게 존재하지 않아 나쁜 날, 버텨야 하는 날, 슬픔에서 빠져나와야 하는 날이 없을지도 모른다. 그렇게 보면 아주 좋다. 매일매일이 같은 무게로 다가와 어떤 특별함도 느낄 수 없겠지만, 그건 삶이 잘 굴러간다는 이야기일 수 있으니까. 하지만 반대로 어떤 여유, 실수를 허용하지 않는 삶일지도 모른다. 내가 만들어야 하는 천에, 내 삶에 어떤 빈틈도 주어지지 않는다면? 한 땀을 잘못 엮은 것이 바로 실패로 이어진다면? 고칠 수조차 없다면?

한 땀이 잘못 들어가도, 다른 한 땀을 원래대로 놓아 그렇게 이어가면 나름의 천이 만들어진다. 그것이 혹여 우스꽝스럽게 보일지라도 어떤 의미를 갖는 천이 될 거라는 믿음이 우리에게 있다. 그래서 한 땀, 또 한 땀 서툴고 엉망이더라도 나아갈 힘을 얻게 되는 것이다.

반드시 아름다울 필요는 없다. 당신이 만들어가는 삶이라는 천 조각이 서툴게 이어졌다 하더라도, 그렇게 힘 들여 이어왔다는 것을 난 알고 있다. 당신이 포기하지 않고 하루하루를 이어왔다는 것을 난 알고 있다.

· 20 ·

삶의 비밀은,

그것이 불완전하다는 것이다

여기서 우리는 삶이 숨긴 진실한 비밀을 알게 된다.

우리는 대부분의 일을 반복한다. 아침이면 개를 밖으로 내보내고, 커피를 끓이고, 신문을 읽고, 주변 사람들을 돕는다. 그리고 우리가 해야 할 일을 한다. 그리고 오후에는 집으로 돌아와 열쇠와 가방을 내려놓고, 개를 밖으로 내보내고, 바짝 죄는 옷을 벗고, 음료를 한잔하거나 찻물을 올려놓고, 남아 있던 빵 조각을 데운다.

이렇듯 나는 일상적으로 반복되는 의식을 사랑한다. 이런 반복이 없다면 나는 서서히 바람이 빠지는 풍선에 불과할 것이다.

새로 만들어진 커튼은 요란하면서도 근사하다. 지난번 커튼이 윗부분만 장식이 가득한 직물로 되어 있고 나머지 아래쪽은 단정하고 말쑥하기만 했다면, 이제는 현란한 색채를 자랑하는 호수 같다.

한때는 찢어진 커튼이었지만 이제는 우여곡절 끝에 완벽한 모습을 되찾은 커튼이 된 것이다.

볼록하게 입체적인 하얀 스테인드글라스 나뭇잎 무늬가 커튼을 온통 장식하고 있다. 겹쳐진 부분들이 많아 그늘이 지는 곳도 있지만 봉제 선은 곧다. 커튼은 얌전한 성모마리아라기보다는 텀블링 선수 같고, 피에타라기보다는 태양의 서커스 피날레 같다. 마음에 쏙 드는 커튼이다.

불완전하게 어우러지는 것들에서 기적처럼 아름다움이 솟아난다. 나는 이제 하루에도 몇 번씩 커튼을 바라보며 천방지축 보디가 얇은 커튼에 걸려들었던 때를 기억하고는 한다. 우리는 지금 가진 것만으로 망가진 것을 서툴게나마 더 낫게 고칠 때 위안을 받는다는 것을 알고 있다. 완전히 새로운 것들에서는 얻을 수 없는 안락함이다. 예전의 흔적이 아스라이 남아 새로운 천 조각들을 지탱해준다. 지난날 내 삶이 지니고 있던 다양한 시선들이 새로운 삶에 겹쳐진다. 커튼의 윗부분을 보다 서서히 아래로 내려온다. 마치 과거를 통과해보듯이, 은은한 빛을 거쳐 다채로운 내일이 펼쳐질 것 같은 기분이다.

망가지고 엉망이 되어버린 것들로 만든 멋지고 근사하고 정직한 아름다움을 다른 사람들은 잘 보지 못할 수도 있다. 하지만 우리는 거기서 밝은 햇빛과 시, 그리고 노래를 발견한다.

우리는 그저 우리에게 필요한 바늘땀을 꿰어야 한다. 그리고 그 다음 땀을. 또 다음 땀을.

바늘땀이 없다면 우리는 넝마에 불과하다.

그러나 우리는 넝마가 아니다.

chapter 6

내 삶의 진짜 의미를 찾고 싶은가

우리는 아집으로 똘똘 뭉친
마음의 상태에서 벗어나 더 큰 무엇의
일부가 되려고 할 때, 구원받는다.

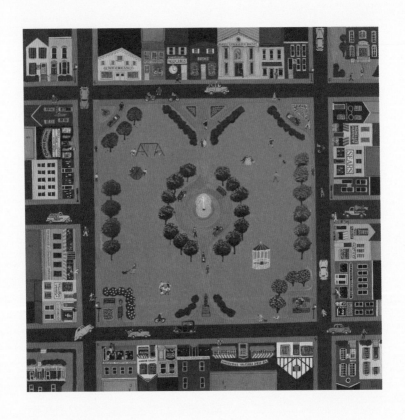

나만의 규율이 나를 자유롭게 해줄 수 있다.
질서 정연한 하루 중에도 하늘이나 나무에 눈길을 한번 준다면,
그 순간 삶이 따뜻하고 의미 있다는 기분을 받을 수 있을 것이다.

탐색은 의미다. 이처럼 힘들고 이상하고 때로는 낯선 오늘날의 세계에서 아름다움이나 사랑, 친절, 그리고 회복을 찾아 나선다는 것 자체가 삶의 의미가 될 수 있다. 우리가 여기 있다는 것, 전날의 세계가 지속되고 있다는 것, 아침마다 잠에서 깨어나면 우리가 '여전히' 존재한다는 것이 기적이다. 이처럼 당연한 현상이 기적 그 자체다.

어떤 사람들은 이런 생각에 압도된다. 나는 습관이나 버릇을 통해 삶의 경이로움을 느낄 때가 많다. 우리가 아침마다 하는 일들, 예를 들면 개를 산책시키기, 신문 가져오기, 물 따르기, 고양이 밥주기, 아침 먹기, 일하러 가기를 하다 보면 어느덧 간식을 먹을 때가 된다. 아이스크림이나 달콤한 복숭아를. 브리 치즈와 초콜릿 바, 아니면 소테른 포도주를. (술을 끊지 않았더라면 나도 당신과 한잔할 수 있을 텐데.)

보통의 하루가 이어지고, 늘 하던 대로 무엇인가를 하면서 낮과 밤을 이어가지만, 내가 이 세상에 존재하지 않는다면 이 별거 아닌 일들조차 일어나지 않는다. 그러기에 내가 존재하고, 숨을 쉬고, 걷는다는 것 모두가 기적인 것이다.

나는 이 세상의 기적이다.

· 21 ·

나를 자유롭게 하는 것은

나만의 규율이다

나는 질서와 규율이 삶의 의미를 찾는 데 중요하다고 생각한다. 그동안 배운 바에 의하면 자유를 이끌어내는 것은 다름 아닌 규율이다. 그리고 의미는 자유에 있다. 당신이 질서 정연하게 하루 일과를 수행하지 않는다면 하루 전체를 망쳐버리고 말 것이다. 신문조차도 잘 읽히지 않을 거고. 하지만 당신이 잠시 탁자 앞에 앉아 커피를 마시며 하늘이나 나무에 눈길을 준다면, 그 후에 다시 읽던 신문이나 책으로 돌아온다면, 그 순간 충만하다는 기분이 당신을 감쌀 것이다. 우리 모두는 그런 기분을 느낄 수 있다.

명예를 찾아나서는 여행은 기대만큼 많은 결과물을 가져다주지 못할 수도 있다. 우리는 기억되지 않을 것이다. 이는 좋은 소식이다. 미국의 사치스러운 소비문화, 대중문화, 남녀 관계를 중심으로 풍자소설을 많이 발표한 소설가 스탠리 엘킨은 20년 전만 해도 유명했다. 하지만 그가 죽고 한 세대가 지난 지금, 누가 그의 작품을 읽는가? 수많은 명언을 남긴 시인이자 소설가였던 메이 사턴이나 록그룹 슬래이드(Slade)의 드러머 돈 파월은 어떻고? 트루먼 대통령 시절의 부통령이 누구였는지 아는가? (알려주자면 앨번 바클리다.) 명성은 찰나적인 보상일 뿐, 한번 지나가고 나면 전혀 중요하지 않다. 경쟁 위주의 자본주의 속에서 살아야만 하는 부동산 중개업소 중개인들의 애환을 그린 영화 〈글렌게리 글렌 로스〉 속에서 스테이크 나이프 한 세트를 따내는 것에 불과한 것이다.

그러므로 우리는 남들에게 관심 갖기, 창의적으로 살기, 사랑하기, 달콤한 간식 먹기에 집중하는 편이 낫다.

사랑은 다음과 같은 질문이다.

누군가를 잃거나 끔찍한 사건이 벌어졌을 때, 이러한 비극에 직면해서도 우리는 사랑하는 것만으로 충분할까?

답은 다음과 같다.

사랑으로 충분하다.

비극적인 일을 겪은 가족이나 마을이 어떻게 생명력을 되찾을 수 있을까?

잠시 호흡을 가다듬고 난 다음에 취해야 할 행동은 바로 사랑이
다. 이상하게도.

· 22 ·

의미를 찾지 못한 인생은
더 빨리 흘러가버린다

삶의 의미를 찾아 나선 당신은 의미에 대한 감각으로 충만해질 것
이다. 의미를 찾지 않는 인생은 불과 두 달 만에 흘러가버릴지도
모른다. 인생을 주목하지 않고 만끽하지 않는다면, 당신은 어느 날
아침 뼈저린 후회를 느끼며 잠에서 깨어날 것이다.

지금이라도 더 이상 의미 없는 쓰레기를 갈구하고 집착하며 인
생을 낭비하지 않겠다고 깊이 후회하며 일어서는 편이 훨씬 더 낫
다. 왜냐하면 당신이 완전히 다른 시각으로 인생을 보게 될 것이기
때문이다.

도대체 어디에서 의미를 찾아야 하느냐고 묻는 이들이 있다. 어
디서, 어떻게, 무엇을 통해서……. 우리는 이렇게 착각을 한다. '찾
는 것'에 몰두해버리고 만다. 눈에 띄지 않으면 불안해하고, 특별

삶의 의미를 찾지 않는다면
인생은 불과 두 달 만에 흘러가버릴지도 모른다.
지금이라도 인생을 낭비하지 않겠노라며
제대로 된 방향을 잡고 일어서는 편이 훨씬 더 낫다.

하다 생각하지 않으면 쉽게 버린다. 이 물건은 '유독' 어떤 의미가 있어, 저 사람이 나에게 소중한 이유는 '의외의' 경험을 나와 함께 했기 때문이야. 하지만 삶에서 중요한 것은 '특별함'이 아니다.

어느 날 아침 눈을 떴을 때 우연히 눈에 들어온 아이의 웃음, 엄마와 함께 나눈 일상적인 대화, 고맙다는 말, 사랑한다는 말, 지난봄 심었던 씨앗에서 튼 작은 싹. 일상을 스쳐 지나가는 소소한 것들이 때로는 우리를 웃고 울게 한다. 슬픈 날도 주고, 기쁜 날도 준다. 그렇게 만들어진 하루가 당신에게 가장 큰 의미다.

의미는 집중하기, 주목하기, 관심 갖기에 있다. 누군가는 '사랑한다'는 말을 그저 흘려듣는다. 어떤 사람은 '사랑한다'는 말에 살아가는 힘을 얻는다. 그런 것과 마찬가지다. 내가 있는 그 자리, 그 순간에 벌어지는 것들에 마음을 두고 눈길을 주는 것, 그 속에서 나와 함께하는 것들의 소중함을 느끼고 간직하는 것.

나는 곁을 스쳐 지나가는 거의 모든 새들에 시선을 준다. 모든 나비들에게도. 왕관 무늬나 아가일 무늬가 없는 평범하고 흔한 나비들에게도 마찬가지다. 내게는 새와 나비가 완벽한 창조의 한 예를 보여주는 것처럼 여겨진다.

나는 내일 주일학교 아이들과 커피필터로 나비를 만들 생각이
다. 휴지 심으로 번데기도 만들면서 우리가 미처 알지 못했던 존
재들도 있었음을 느끼게 할 것이다. 앞 장에서 이야기했던 소녀는
또다시 커피필터로 나비 만들기가 싫다며 군소리를 늘어놓을 것
이다. 나는 그 애가 별로 예쁘다고 생각하지 않는 날개에 관한 아
름다운 성경 구절을 읽어주고, 그런 다음에는 갓 딴 체리가 들어
있는 종이봉투를 선물할 생각이다. 분명 그 애는 체리를 좋아할
것이다.

나는 아이들에게 세상 곳곳에 숨어 있는 아름다움을 찾아보라
고, 어둠 속에 우울하게 갇힌 번데기를 떠올려보라고 할 생각이다.
지구온난화나 나비의 개체 수 감소와 같은 비극적인 일에 대해서
는 목소리를 높이지 않을 것이다. 그 애들이 대학에 갈 때쯤이면
겨울이 지나고 미국에 도착하는 나비가 고작 수천 마리에 불과할
지도 모른다는 묵시록적 예고에 대해서도. 그 순간만은 앞으로 벌
어질 일들에 대한 기쁨 혹은 기대만을 이야기하고 싶다.

그 애들도 다른 모든 고귀한 인간 존재와 마찬가지로 슬픔의 바
다에서 살아갈 때가 있을 것이다. 하지만 나는 좌절이나 두려움 속
에서 아이들이 허덕이기보다는 나비들의 이동 시기에 맞추어 뮤

어우즈 국립공원이나 테네시 밸리 해변을 찾았으면 한다. 나는 그 애들이 나쁜 날들은 생각하지 않고 희망에 매달리기를 바란다. 어두운 터널을 빠져나갔을 때의 환희만 보기를 바란다. 그리고 유충이 번데기를 거쳐 나비가 되는 과정에서 경이로움을 발견하기를.

생각만 해도 근사하다. 수업이 끝나면 우리는 다 같이 밖으로 나가 나비를 찾아보고 그 뒤를 쫓을 것이다.

싸우고 있는가,

살아 있는 것이다

나의 멋진 친구 바버라는 최근 흔히 루게릭병이라 불리는 근위축
성측색경화증으로 사망했다. 그녀는 죽음을 두려워하지 않았다.
설령 두려워했다 하더라도 내게는 그런 모습을 보이지 않았다. 그
녀는 거의 40년을 함께 해온 동반자와 여전히 사랑에 빠져 있었고,
매일 외출했다. 그녀 옆에는 사랑하는 친구들과 종종 그녀를 찾아
와 함께 유대교 율법 토라를 연구하며 감정과 관련된 많은 어휘들
을 알려주는 마음 따뜻한 랍비가 있었다.

　본래 변호사였던 바버라는 20년 전 유방암을 이겨낸 뒤 여성들
에게 유방암의 진실을 널리 알리는 쪽으로 인생의 방향을 틀었다.
어떻게 싸워 이길 것인가. 어떻게 살아갈 것인가. 다른 사람들에게
어떻게 알릴 것인가. 발암물질이 포함된 화장품과 가정용품을 어

떻게 피할 것인가. 그리고 이런 제품들을 생산하는 기업과 어떻게
싸울 것인가. (장례식에서 그녀는 유방암 의료 산업에 맞서 용감하게 기나긴
투쟁을 감행하다 사망한 투사로 추도되었다.) 그런 그녀가 루게릭병에 걸
렸다. 말도 안 되는 일이었다.

그러나 나는 바버라의 마지막 2년과 서서히 진행되는 죽음을 통
해서 대단히 성공한 사람들에게서보다 더 많은 의미를 보았다. 가
끔 사람들은 죽음이 없다면 삶은 의미를 갖지 못한다고 말한다. 하
지만 죽음이 삶의 의미가 될 수는 없다. 유방암에 걸린 수많은 친
구들에게 작별 인사를 할지라도 말이다. 어떤 식으로든 사랑하는
것만이 삶의 의미다.

바버라는 마지막 네 달 동안 튜브로 영양분을 공급 받을 수밖에
없었지만 예전처럼 자주 미소를 지었고 웃음을 터뜨렸다.

웃음은 우리의 삶을 명랑하게 구원한다. 그녀는 자신의 동반자
인 수지를 보기 위해 살아 있었다. 조금 더 오래, 조금 더 오래 보
려고. 그들은 책을 읽었고, 친구들을 만났고, 자연에 빠져들었다.
그들은 3년 동안 미국 월드 시리즈에서 우승하는 샌프란시스코 자
이언츠를 두 번이나 볼 수 있었다. 샌프란시스코에서 오래 살아온
그들은 이 사건으로 인해 죽음을 농담처럼 보게 되었다.

병이 그녀를 잠식해가면서 많은 것들이 그녀와 사람들 사이를 방해하게 되었다. 근육이 마비되는 이 병은 바버라에게 다리를, 팔을, 그다음엔 손가락을, 그리고 목소리마저 앗아갔다. 내가 손을 잡아도 바버라는 느낄 수 없었다. 호흡이 곤란해진 그녀의 목에는 인공호흡기가 달렸고, 안부를 전하는 내 물음 다음에 돌아온 것은 차가운 기계음이었다. 그래도 그녀는 삶의 끈을 놓지 않았다. 오히려 그럴 때마다 자기가 살아 있는 이유와, 그 의미를 우리에게 보여주었다. 바버라는 그 어느 때보다 사랑스러운 눈빛으로 나를 반겨주었고, 컴퓨터 목소리로 전달하는 메시지는 어느 것 하나 놓치고 싶지 않을 정도로 강했다.

바버라의 삶이 끝나가던 어느 날, 나는 그녀에게 요즘 어떠냐고 물었다. 그때 이미 목소리를 낼 수 없었던 그녀는 눈을 깜빡여 컴퓨터 번역기에 타이핑을 했다.

"나는 존재해."

그리고 그녀는 몇 마디를 더 적었다. 그러자 컴퓨터 목소리가 말했다.

"병이 진행되고 있어."

그랬다. 나는 그 과정을 눈으로 직접 볼 수 있었다. 그런데 그녀가 몇 마디를 더 적었다.

"계속 싸우고 있어."

그녀의 이 말은 지금까지도 내 마음의 방에서 계속해서 울리고 있다.

우리 마음속에 자신을 가두지 말고
더 큰 무엇을 추구하고 찾아야 한다.
그래야만 살면서 만나는 장애물도 가뿐히 뛰어넘을 수 있다.

· 24 ·

자기 안에 갇혀 있지 말고
디 큰 무언가의 일부가 되어라

우리가 아집으로 똘똘 뭉친 마음의 상태에서 벗어나 더 큰 무엇의
일부가 되려고 할 때 (혹은 말려들 때) 우리는 구원받는다. 자기보다
더 큰 무엇을 추구하고 탐색하여 마침내 일부가 된 우리는 삶에서
어떤 장애물을 만나더라도 가뿐히 넘어설 수 있다.

'자기보다 큰 무엇'이란 대의나 부활, 또는 현재에 대한 강화되
고 확장적인 감각을 의미할 수 있다.

자신보다 큰 것이란 3킬로그램짜리 아기(갓난아이보다 더 큰 것은
없다)를 가족 구성원에 더하는 것을 의미할 수도, 산과 피오르 계곡
과 사구를 의미할 수도 있다.

위대한 조각가인 신은 작게 축소한 산맥처럼 아름다운 굴곡을
지닌 사구를 몇 킬로미터씩이나 흠 하나 없이 뻗어나가는 모래의

흐름 위에 만들어왔다.

그림자는 달빛 아래서 때로 어마어마하게 커지기도 한다. 당신은 작은 그림자도 큰 그림자도 만들 수 있다. 사구를 넘어가는 동안 거대한 그림자를 만들며 돌아다닐 수 있다. 아니면 인형처럼 작아지게 만들다가 거의 사라지게 할 수도 있다. 그러고는 사이클로프스처럼 단번에 엄청 크게 만들 수도 있고. 마치 당신의 내면에 존재하는 무서운 괴물들을 한꺼번에 불러내어 즐겁게 노는 것처럼.

우리는 빛이자 그림자이다. 이런 사실을 모르는 사람들이 많다. 우리에게는 밝거나 어두운 면을 비롯한 다양한 모습이 있다. 우리는 밝고 빛나는 존재로 길러졌다. 그렇기에 때로는 어두운 모습을 외면하고 억지로 밝아야 한다고, 나에게는 좋은 일만 일어나야 하고, 나는 반드시 남들보다 행복해야 한다고 되뇐다.

하지만 인생에 어두운 부분이 없을 수는 없다. 우리 내면에도 자괴감, 질투, 실망 등과 같은 어두운 면이 늘 자리 잡고 있다. 일부러 이런 것들에 눈감을 필요는 없다.

단지 어두움이 너무 커지지 않도록, 빛을 잠식하지 않도록, 더

큰 빛이 이끄는 대로 가면 된다. 마음에 들지 않더라도 우리의 어
둡고 어지러운 면을 받아들여야만 밝은 빛도 의미를 가진다. 어두
움도 내 일부라고, 그 존재를 인정해주어야 한다.

· 25 ·

완전해지기보다는 조각조각 난 삶을
잘 연결하는 사람으로 살자

모닥불을 마주하거나 침대에 누워 듣는 이야기나 영화관에서 보
는 이야기들 속에는 너무나 많은 의미가 담겨 있다. 책을 읽으라
고, 도서관을 탐험해보라고 말해주는 사람들은 배움의 속도가 더
디거나 (천국에서 가장 좋은 자리에 앉게 될) 장애가 있는 학생들을 결
코 포기하지 않는다. 모르는 것이 많은 사람인 나도 이 사실만큼은
분명히 알고 있다.

　나의 오빠는 고등학교에서 특수교육을 맡고 있다. 나는 오빠가
천국에서 초콜릿 분수가 흐르는 곳 바로 옆자리에 앉게 될 거라고
믿는다. 영어를 가르쳤던 아버지는 오십 대에서 육십 대를 보내는
동안 교도소에 수감된 죄수들에게 편지를 썼다. 좋은 선생님이라
면 누구나 장애가 있거나 분노를 조절하지 못하는 사람의 내부에

도 깊은 곳에 영혼이 있다는 것을 알고 있다. 더 나은 이야기와 이 이야기를 읽어줄 동반자에 대한 희망을 지닌 한 인간으로 온전히 살아갈 수 있게 하는 영혼 말이다.

내게 남을 가르친다는 것은 신성한 소명이다. 특히 다른 사람들보다 성공 가능성이 높지 않은 학생들을 가르친다는 것은 더욱 그렇다. 상대방을 포기하지 않는 데서 그치지 않고 그들과 함께 어디서부터 시작할지를 알아보는 행위 자체가 소중한 선물인 것이다.

그러니 할 수 있는 일부터 시작하자. 도움의 손길을 절실하게 바라는 사람을 본 당신은 바늘에 실을 꿰고 매듭을 짓는다. 그리고 천 조각에서 첫 땀을 바느질할 자리를 찾는다. 그 후에는 단순하고 정직한 한 땀을 바느질하기 시작한다. 꼭 예쁘지 않아도 된다. 강하고 진실한 한 땀이면 충분하다. 매듭이 당신의 실을 풀어지지 않게 할 것이다. 그렇게 한 땀을 바느질한 당신은 다음의 한 땀을 바느질한다.

시간이 아무리 오래 걸려도 누군가에게 한번 알파벳을 가르치면 그 학생은 수스 박사의 《ABC》를, 그다음에는 《샬롯의 거미줄》을, 그다음에는 《시간의 주름》을 읽을 수 있다. 그리고 어느덧 그는 검정고시를 통과하게 된다.

우리는 그를 자랑스러워해야 한다. 포기하지 않고 따라와준 끈기와 노력에 박수를 쳐야 한다. 그리고 나는 당신을 자랑스러워할 것이다. 내면을 읽고, 어떤 사람인지 지켜보고, 그 사람만의 존재 의미를 찾아 잘 키워준 당신에게 큰 박수를 쳐줄 것이다. 당신은 희망의 시작점이 되기를 자처했다. 책을 읽고 대화를 이어가면서 생각을 공유했다. 그리고 당신의 학생은 그 모든 것에 공감했다. 삶을 시작하기로 했다. 희망이 된 것이다.

그리고 짜깁기가 있다. 1950년대, 미국의 훌륭한 가정이라면 나무로 만들어진 짜깁기용 받침공을 하나쯤 갖고 있었다. 당신은 한 번도 못 봤을지도 모르겠다. 받침공은 달걀 형태의 나무나 돌, 또는 도기로 만들어진 물건으로 대부분의 양말 속에 꼭 맞는 크기다. 어쩌면 당신은 "짜깁기"라는 말조차 오랫동안 들어보지 못했을지도 모른다. 요즘은 바느질법을 배운 사람이 거의 없다시피 하지만, 그때는 대부분의 여성이 바느질을 배우던 시절이었고, 2차 세계대전이나 한국전쟁에 참전했던 아버지들 역시 간단한 수선은 할 줄 알았다. 짜깁기도 물론이고.

짜깁기는 양말이나 스웨터의 구멍 난 곳을 같은 색 실을 사용해 안팎으로, 앞뒤로, 위아래로 평행하게 바느질해 메우는 기법이다.

그러면 구멍 났던 곳이 감쪽같이 메워진다. 다시 사용할 수 있을 정도로 말이다. 다시 쓸 만한 상태를 되찾는다는 것은 일종의 기적이다. 정말로. 그리고 당신은 사실상 새 바늘땀을 견딜 수 있는 구멍의 가장자리부터 짜깁기를 시작한다.

살아가면서 짜깁기용 받침공을 하나쯤 갖고 있다면 엄청난 도움이 된다. 내 말을 믿어도 좋다.

내가 다니는 작은 교회는 내가 살아가는 데 꼭 필요한 받침공을 지난 30년 동안 제공해왔다. 나는 이 받침공을 갖고 구멍으로 가득했던 30년이라는 시간을 버틸 수 있었다. 헤진 곳을 깁고, 조각 난 것을 엮어가면서 난 그렇게 삶을 이어왔다. 내 인생은 예쁘다고는 할 수 없지만 잘 엮여 있는 천 조각들로 이루어져 있다. 그렇다. 그게 바로 나다.

우리 교회에는 여덟 명으로 구성된 합창단이 있다. 합창단이 한껏 입을 벌리고 노래하는 소리가 크게 울려 퍼질 때면 즐거움과 고통과 믿음과 그 모든 말들이 뒤섞여 울려 퍼진다. 합창단을 따라 부르는 우리의 노랫소리에도 영혼이 실려 함께 어우러진다.

목청을 높여 부르는 노랫소리는 크리스털 잔의 가장자리를 손

끝으로 문지를 때 나는 소리처럼 맑고 청아하다. 여러 곳에서 불러 하나의 소리를 만드는 노래 같다.

아이들이 노래를 즉흥적으로 바꿔 부르기 시작하고 20분이 지나면 다른 사람들도 같이 노래하기 시작한다. 처음에는 이상하게 들리지만, 30분이 지나면 화음을 찾아낸다.

합창단에서 특히 노래를 잘 부르는 커플이 있다. 하지만 그들의 노래에는 두 사람의 장식음보다 노래 자체의 견고한 영혼이 깃들어 들려온다. 올라갔다 내려오기를 반복하는 노랫소리는 서로에게 기대었다가, 떨어졌다가, 다시 서로를 향해 기대는 것처럼 들린다. 영혼이 떠오르고, 노랫소리가 계속해서 영혼을 휘젓는다. 마치 탁 트인 창으로 불어 들어와 공기를 순환시키는 실바람처럼.

가끔은 피아니스트가 건반을 잘못 누를 때도 있고, 솔로 주자가 실수를 할 때도 있다. 몇 사람은 잘못된 키로 너무 열정적으로 노래를 부르기도 하고, 나이 든 사람들의 목소리가 희미하게 묻혀버리기도 한다. 하지만 우리 모두는 계속해서 노래를 부른다. 평범한 노래지만 아름답고 장엄하다.

그렇게 우리의 노래는 계속된다.

옮긴이의 말

뚝뚝 흘러내리던 눈물이
어느새 웃음으로

미국의 소설가 필립 로스는《에브리맨》이라는 작품에서 이렇게 말
했다. "그냥 오는 대로 받아들이세요. 버티고 서서 오는 대로 받아
들이세요." 앤 라모트는 고통의 끔찍함을 멀리해봤자 소용없을 거
라고 일침을 가한다. 그녀의 말이 옳다. 잠깐 잊은 척할 수는 있겠
지만 그렇게 어설프게 묻어버린 고통은 언제든지 더 큰 고통으로
되돌아올 것이기 때문이다.

2012년 12월, 미국 코네티컷에서 스무 살 청년 하나가 어머니를
총으로 쏜 후 어머니가 근무하던 학교에 난입해 학생들에게 무차
별 총격을 퍼부은 사건이 일어났다. 이 사건으로 어린 학생들과 교

사들 수십 명이 목숨을 잃었다. 미국 내에서만이 아니라 전 세계적으로 보도된 끔찍한 사건이었다. 사건 직후 범인은 스스로 목숨을 끊었다. 그러나 유가족들과 이 사실을 접한 수많은 사람들에게는 결코 지울 수도 잊을 수도 없을 상처를 남기고 말았다. 이 책《나쁜 날들에 필요한 말들》의 첫 장에 등장하는 사건이다.

살아가면서 우리에게는 이처럼 크나큰 비극과 직면할 일이 없을지도 모른다. (그렇기를 바란다.) 하지만 우리는 늘 상대적으로 사소한 비극과 마주하게 된다. 살아가는 한 어떤 상처를 받을 수밖에 없고, 그래도 살아가야 하며, 앞으로 어떤 비극적인 일이 더 생길지 모르기 때문이다. 우리는 결코 미래를 내다볼 수 없다. 그러므로 앞날을 예상하기란 불가능하다. 그래서 때로 어느 길로 가야 할지 몰라 제자리에서 발만 동동 구를 뿐이다. 헤어 나오기 힘든 슬픔에 빠져 있는 채로.

앤 라모트는 바로 이런 순간에 처한 사람들을 위해 이 책을 썼다. 그녀의 말대로 사는 데 별 문제 없이 무탈하게 시간이 지나가고 있을 때라면 삶의 의미를 쉽게 느낄 수 있다. 흔히 하는 말로 "굴러가는 나뭇잎만 봐도 웃음이 난다"고들 한다. 그럴 때가 있다.

그럴 때라면 인생에서 힘겨운 시기가 올 것이라는 생각은 전혀 들지 않는다. 하지만 고난의 순간은 언제고 찾아온다. 그것도 불시에. 오랫동안 함께해온 반려동물이 죽었을 때, 가까운 친구가 떠나갔을 때 나도 같은 경험을 한 적이 있다. 그것도 여러 번.

행복이 무언가를 차근차근 성취하는 과정에서 얻을 수 있는 부상이기도 하다면, 불행은 "차근차근"과는 정반대로 누구도 예상하지 못한 순간을 급습해 그때까지 쌓아올린 모든 것들을 단번에 무너뜨린다는 특징이 있다. 앤 라모트는 불행이 닥치는 순간을 이렇게 묘사한다. "어느 날 갑자기 전화벨이 울린다. 이메일이 도착한다. 아니면 텔레비전이 켜진다. 그리고 갑작스러운 소식을 접하게 된다. 몇 분 전까지는 상상하지도 못했"던 일들이다. 이런 순간이 닥치면 누구라도 잠시 아무 생각도 나지 않을 것이다. 운이 좋다면 잠시겠지만 운이 나쁘다면 아주 오랫동안 모든 일에서 손을 놓고 깊은 우울에 빠져버릴 수도 있다. 삶의 의미는커녕 삶 자체가 끝나버린 기분이 들 수도 있는 것이다.

앤 라모트는 이러한 순간, 다시 말해 "비극 이후의 삶"에 대해 말한다. 우리는 어디서부터 삶의 의미를 찾아나서야 할지 모를 때가 많다. 그러므로 어쩔 수 없이 제자리에서 시작할 수밖에 없다.

하지만 그녀에 의하면 우리는 혼자가 아니다. 아무리 혼란스럽더라도 서로서로 꼭 붙어 있어야 한다. 마치 다채로운 색과 크기와 모양의 천 조각들이 모여 아름다운 퀼트 작품을 만들어내는 것처럼 말이다. 그리고 천 조각들을 잇기 위해 꼭 필요한 것이 바늘땀이다. (이 책의 원제는 "바늘땀(Stitches)"이다.)

그녀의 말대로 어느 날 총기 난사가 벌어지고, 원자력발전소가 붕괴한다. 굳이 2011년, 2012년이 아니더라도 우리가 늘, 어쩌면 해마다 겪는 일이다. 이러한 사건이 벌어지는 시점은 하필이면 우리의 삶에서 뭔가 즐겁고 행복한 일이 벌어지고 있을 때가 많고, 또 전 세계적인 재앙이나 수많은 사람들의 목숨이 희생된 사건이 아니더라도 슬프고 비극적인 일들은 가족 내에서도, 친구들 사이에서도, 작은 공동체 안에서도 부지불식간에 일어난다. 게다가 작가의 말에 의하면 이 세계는 실존적인 의미에서 우리가 태어나던 그 순간부터 끝을 향해 달려가고 있다. 그러므로 그녀는 앞으로 더 나빠지는 날들이 계속해서 이어질 테니 마음을 단단히 먹으라고 단언한다. 늘 앞으로는 행복하고 좋은 날들만 이어질 거라는 말을 줄곧 들어오던 우리에게는 어쩌면 이런 말이 필요했는지도 모른다. 그동안 우리는 사탕처럼 달콤하지만 현실을 가리는 말들만 듣고 싶어했던 것은 아닐까.

그녀는 우리의 인생과 인격이 깨끗할 수 없다고 말한다. 인간으로 태어난 이상, 우리는 저마다 크고 작은 결점들을 여러 개씩 갖고 있다. 의도치 않게 남에게 잘못을 저지르게 되는 경우도 많다. 이런 결점들과 잘못들이 모여 지상에서의 삶을 때로는 피로하고 때로는 고통스럽게 만든다.

그녀가 주목하는 지점은 바로 여기다. 그녀는 우리가 가끔 비명을 지르면서 숨거나 도망치는 편이 낫다고 말한다. 예쁘지만 거짓인 희망으로 고통스럽지 않다며 자기암시를 거는 행동이야말로 고통에서 벗어나 진정으로 자기를 치유하는 길에서 멀어지게 한다는 것이다. 그녀에 의하면 2012년 코네티컷 초등학교에서 일어난 총기 난사가 남긴 충격에서 빠르게 회복하거나 잊거나 어떤 의미를 찾을 생각을 하지 말고 잠시 그대로 고통 속에서 기다리라는 편이 낫다. 모든 일에는 시간이 필요하기 때문이다. 고통을 견디는 시간이. 그러므로 고통스럽지 않은 척해서는 안 된다.

하지만 물론 희망은 있다. 아무리 여러 번 반복된 말일지라도, 그래서 그 의미가 때로는 퇴색된 것처럼 보일지라도 희망은 분명 존재한다. 앤 라모트는 한동안 애도의 시간을 보내고 나면 야생화가 늘 다시 피어나는 법이라고 말한다. 분명한 것은 우리 모두가 불완전한 존재라는 것이다. 이 사실을 받아들이면 돌이킬 수 없다고 생각되는 잘못을 저지른 사람이라도 어느 정도는 용서할 수 있다. 그리고 그 자리에서 우리는 우리가 할 수 있는 것을 하면 된다. 기름 유출 사고로 오염된 해안을 청소하는 큰 규모의 일부터 서로의 안부를 묻고 마실 것을 건네는 작은 일까지, 우리가 할 수 있는 일들의 목록은 끝이 없다.

어떤 고통은 너무나 크고 강력해서 우리는 망연자실한 채로 고통 속에 빠져 있을 수밖에 없다. 하지만 그럴 때일수록 우리는 작은 바늘땀을 바라봐야 한다. 하나의 바늘땀은 작고 허약하지만 이러한 바늘땀들이 하나, 둘, 수십만, 수백만 개가 되면 크고 아름답고 견고한 퀼트 작품이 만들어지는 법이기 때문이다.

그리고 때로는 존재하는 것 자체가 희망이 되어주기도 한다. 주일학교 교사이기도 한 작가는 코네티컷 총기 난사 사건이 벌어진 직후의 일요일에 두 아이들과 커피필터로 천사를 만드는 수업을 한다. 그중 한 아이는 뇌종양을 앓았던 적이 있다. 천사가 완성되고 난 후, 이 아이는 뭔가 놀라운 말을 한다. '다시 여기 있다'는 말이다. 한때 혼수상태에 빠질 정도로 심각한 병을 앓았던 아이에게 다시 이곳에 존재한다는 것 이상의 기적은 없을지도 모른다. 바로 이것이 기적이며, 희망일 것이다. 우리가 이러한 희망을 생각한다는 것 자체가 이미 희망이 이곳에 있다는 증거일지도 모른다.

한때 알코올중독으로 험난한 삶을 살아야 했던 작가는 이 책을 통해 자신의 경험을 솔직하게 밝힌다. 이는 우리가 이 책에 몰입할 수 있는 또 하나의 계기다. 우리 모두는 결함이 있는 불완전한 존재라는 생각을 뒷받침하는 이야기이기 때문이다. 기적과 희망을 말하는 그녀에게도 결함이 있는 것이다. 그녀는 술을 마시는 부모 밑에서 자랐다. 그녀의 말에 의하면 그런 부모 밑에서 자란 아이는 자기가 본 것을 못 본 척하는 데 능하다고 한다. 부모가 거짓말을 하기 때문이다. 그렇게 성장한 아이는 보이는 현실과 사람들이 하는 말의 차이 때문에 고통스러워한다. 이런 아이가 가장 먼저 배워야 할 것은 바로 보이는 현실을 못 본 척하지 않는 것이고, 본 대로 말하는 것이 "지나치게 예민"한 성격 탓이 아니라는 사실을 받아들이는 것이다. (여기서 앤 라모트는 예상을 뒤엎는 말을 한마디 더 해준다. 바로 가족들을 '가끔은' 팽개쳐도 좋다는 것이다. 물론 가족들에게 못되게 굴라는 말이 아니다. 그들에게 맞춰주느라 자신의 행복을 포기해서는 안 된다는 말이다.) 본 대로 말하기, 감정을 억누르지 않고 표현하기가 작가가 말하는 희망의 첫 걸음이다.

이처럼 작가는 그녀에게 고유한 기억들을 통해 우리 마음을 움직이는 이야기를 들려준다. 작가인 아버지를 둔 그녀는 (이 책에 나오는 것처럼 양말을 기울 때 짜깁기용 받침공을 쓰던 시대인) 1954년 샌프란시스코에서 태어나 1980년 《힘겨운 웃음(원제: Hard Laughter)》이라는 제목의 소설을 발표하면서 지금껏 작가로 살아오고 있다. 열정적인 활동가이자 대중 강연자이기도 한 그녀의 작가로서의 삶은 아카데미 감독상을 수상한 프리다 리 목에 의해 1999년에 〈애니와 함께 새들처럼―작가 앤 라모트의 초상(원제: Bird by Bird with Annie)〉이라는 제목의 다큐멘터리로 만들어지기도 했다. 미국인이 가장 사랑하는 작가 가운데 한 사람인 그녀의 글에는 언제나 따스한 유머와 위트가 담겨 있다. 그녀의 책들에 대한 독자들의 반응 역시 뜨겁다. 발표하는 책마다 "어느 순간 눈물이 뚝뚝 흘러내리는데도 너무나 재밌다. 이상하게도 재밌다"거나 "희망과 용기를 얻었다"라는 찬사가 쏟아진다. 날마다 더 나아지는 것이 아니라 오히려 더 나빠지는 것처럼 보이는 오늘날의 세계를 살아가는 데 꼭 필요한 말들을 그녀가 우리에게 해주고 있다는 증거가 아닐까.

　우리는 어떤 기억들을 결코 잊을 수 없다. 어쩌면 잊어서는 안 되는지도 모른다. 참담한 사건들 앞에서 우리는 잊지 않겠다고 되뇌고 또 되뇐다. 잊지 않는 것이 희망을 위한 첫 걸음, 첫 번째 바늘땀이다. 두 번째 걸음, 두 번째 바늘땀은 아마도 잊지 않은 자리에서 어떤 따뜻한 손길을 내밀기, 그리고 이러한 손길을 받아들이기일 것이다. 늘 슬프고 고통스러운 일이 일어나지만, 그럼에도 불구하고 우리가 희망을 이야기할 수 있는 까닭은 우리에게 서로가 있기 때문이다. 앤 라모트의 말대로 우리는 함께 있을 때 누군가를 상실한 충격을 이겨내고, 어떤 힘든 일들이 또 닥칠지도 모른다는 불안을 떨쳐내고, 이 모든 역경에 맞서 위대한 기적을 향해 나아갈 수 있다. 작지만 강한 바늘땀에 의지해서. 우리는 혼자가 아니다. 우리 모두는 바늘땀으로 서로서로 연결되어 있다. 어떤 기억들과 마찬가지로 이 사실 역시 잊어서는 안 될 것이다.

2015년 1월
한유주

표지 그림
ⓒThe Bridgeman Art Library/멀티비츠

본문 그림(숫자는 해당 페이지)
12, 17, 156 _ ⓒThe Bridgeman Art Library/멀티비츠
22, 34 _ ⓒMOOSN
29, 144 _ ⓒ순다은
41 _ ⓒCarl Larsson

50, 80, 87 _ ⓒ클로이
55, 60, 67, 72, 94, 112, 119, 124, 131, 136, 166, 173 _ ⓒgettyimages/멀티비츠
101 _ ⓒPaul Cézanne
151 _ ⓒWilliam Merritt Chase
181 _ ⓒCornelius Krieghoff

나쁜 날들에 필요한 말들

초판 1쇄 발행 2015년 1월 20일
초판 9쇄 발행 2020년 8월 10일

지은이 앤 라모트
옮긴이 한유주
발행인 이재진 단행본사업본부장 신동해 편집장 김경림
디자인 이석운 김미연 마케팅 이현은 장대익
홍보 박현아 최새롬 국제업무 김은정 제작 정석훈

주소 경기도 파주시 회동길 20
주문전화 02-3670-1595 팩스 031-949-0817
문의전화 031-956-7430(편집) 02-3670-1022(마케팅)
홈페이지 www.wjbooks.co.kr
페이스북 www.facebook.com/wjbooks
포스트 post.naver.com/wj_booking

발행처 ㈜웅진씽크빅 브랜드 웅진지식하우스 출판신고 1980년 3월 29일 제406-2007-000046호

한국어판 출판권 - 웅진씽크빅, 2015
ISBN 978-89-01-17828-8 03100

※ 이 도서의 국립중앙도서관 출판예정도서목록(CIP)은 서지정보유통지원시스템 홈페이지(http://seoji.nl.go.kr)와
국가자료공동목록시스템(http://www.nl.go.kr/kolisnet)에서 이용하실 수 있습니다.(CIP2015000885)
※ 책값은 뒤표지에 있습니다.
※ 잘못된 책은 구입하신 곳에서 바꾸어드립니다.